Ex libris Bibliothecæ quam Illustrissimus Ecclesiæ Princeps D. PETRUS DANIEL HUETIUS Epis. Abrincensis Domui Professæ Paris. FF. Soc. Jesu legri vivens donavit An. 1692.

XXXIX. G

R. 2486.
2-3.

ABREGÉ
DE LA
PHILOSOPHIE
DE
GASSENDI

Par F. BERNIER *Docteur en Medecine de la Faculté de Montpelier.*

TOME II.

A LYON
Chez ANISSON, & POSUEL.

M. DC. LXXVIII.
AVEC PRIVILEGE DV ROY.

TABLE
DES LIVRES
ET
CHAPITRES
Contenus dans ce Tome.

LIVRE I.
Des Qualitez.

CHAP. I. Ce que c'est que Qualité. page 1
CHAP. II. De la Rareté, & de la Densité. 6
CHAP. III. De la Transparence, & de l'Opacité. 17

ã 2

TABLE.

CHAP. IV. De la Grandeur, Figure, Subtilité, Grossiereté, Douceur, & Aspreté. 30

CHAP. V. De la Vertu-Motrice, de la Faculté, & de l'Habitude. 49

CHAP. VI. De la Pesanteur, & de la Legereté. 65

CHAP. VII. De la Chaleur. 76

CHAP. VIII. De la Froideur. 97

CHAP. IX. De la Fluidité, Fermeté, Humidité, Secheresse. 119

CHAP. X. De la Mollesse, Dureté, Flexilité, Ductilité. 136

De la force du Ressort. 146

CHAP. XI. De la Saveur, & de l'Odeur. 154

CHAP. XII. Du Son. 172

CHAP. XIII. De la Lumiere. 205

De la maniere dont se fait la Reflection, & la Refraction de la Lumiere. 232

TABLE.

CHAP. XIV. *De la Couleur.* 253

CHAP. XV. *Des Images, ou Especes visibles.* 288

CHAP. XVI. *Des Qualitez qu'on appelle vulgairement Occultes.* 305

LIVRE II.

De la Generation, & de la Corruption.

CHAP. I. *En quoy la Generation, & la Corruption sont differentes de l'Alteration.* 339

CHAP. II. *Que dans la Generation il ne naist pas une Forme qui soit une nouvelle Substance.* 346

CHAP. III. *Que lorsqu'il s'engendre quelque chose, ce n'est que la Substance qui se tourne, & se*

TABLE.

disposé d'une autre maniere. 355
Chap. IV. *Que dans la Corruption il ne perit que le Mode, ou la Qualité de la Substance.* 372

ABREGE'

ABREGÉ
DE LA
PHILOSOPHIE
DE
GASSENDI.

LIVRE I.
DES QUALITEZ.

CHAPITRE I.
Ce que c'est que Qualité.

CE n'est pas certes sans sujet qu'on s'attache specialement à traiter des Qualitez des choses. Car comme tous nos raisonnemens tirent leur origine des Sens, ou des choses qui sont connuës par les sens, & que les sens ne connoissent que les Qualitez; il est constant que presque toutes les cónoissances physiques dependent de l'explication des Qualitez.

Ce n'est pas qu'on ne dise d'ordinaire que l'œil voit non seulement la couleur, mais aussi le corps coloré, & que la main touche non seulement la dureté, mais aussi la chose dure; mais cela mesme estre coloré, estre dur est une Qualité, & si en nommant la qualité nous nommons en mesme temps la substance dans laquelle la qualité reside, c'est que nous sommes persuadez que toute qualité doit necessairement avoir un sujet qui la soûtiene.

Car en effect, s'il n'y avoit dans les choses aucune autre qualité outre la seule couleur, l'Entendement n'auroit aucun sujet de distinguer la couleur d'avec la chose colorée; mais parce qu'apres avoir connu la couleur par les yeux, on sent encore de la resistance, ou de la dureté du moment qu'on en approche la main, il infere qu'il faut qu'il y ait un Sujet commun dans lequel soit & la couleur, & la dureté,

& ainsi il tient ce sujet doüé de couleur, & de dureté, ou, ce qui est le mesme, dur, & coloré. Quoy qu'il en soit, ce dont il s'agit icy est, que tout le monde demeurant d'accord qu'il y a un Sujet commun ou une Substance, cette Substance demeure neanmoins toujours cachée, & nous ne pouvons ni dire, ni comprendre quelle elle est, si ce n'est par les Qualitez dont elle est affectée, & qui sont exposées à nos Sens.

Or afin de pouvoir dire en general ce que c'est que Qualité; comme les Atomes sont toute la matiere, ou la substance corporelle qui est dans les corps, il est constant que si nous y concevons, ou remarquons quelque autre chose, ce ne peut pas estre de la substance, mais seulement quelque mode, ou maniere d'estre de la substance; c'est à dire une certaine disposition de la matiere ou des Principes materiels, qui fait qu'un corps est plutost denommé tel que tel, rare que dense, dur que mol, chaud que froid, &c.

Ainsi tout corps peut estre consideré en deux manieres, l'une comme corps, & l'autre comme tel corps ;

comme corps, entant qu'il est formé d'atomes, ou qu'il est partie de la substance ou matiere commune de tous les corps ; comme tel corps, entant qu'il est d'une telle contexture, & d'une telle disposition dans ses Principes, que s'il estoit autrement tissu & disposé, il ne seroit pas tel qu'il est. Or tout ce qui se remarque dans le corps outre la substance ou matiere precisement prise, comme la Rareté, la Densité, la Transparence, la Couleur, la Chaleur, &c. c'est proprement ce que nous appellons des Qualitez, entant que c'est ce qui donne la denomination au corps, ou qui fait qu'il est dit tel, ou tel.

C'est pourquoy la Qualité peut veritablement bien estre definie en general, un Mode de la substance, ou, comme nous venons de dire, un certain estat ou une certaine disposition & maniere d'estre des Principes materiels dans les choses qu'ils composent, mais elle peut aussi selon Aristote estre definie, Tout ce qui fait que les choses sont denommées telles, d'autant plus qu'il n'y a point de meilleure Regle pour juger si une chose peut estre mise au nombre des Qualitez, ou non, que de prendre garde si par là l'on peut répondre à propos à la question qu'on fait quelle est la chose.

Il faut seulement observer à l'egard de la Forme, que si par le nom de Forme l'on entend la partie la plus subtile, la plus active, & la plus mobile de la matiere, telle que nous concevons à peu prés estre la forme d'un cheval, alors la forme peut estre dite Substance ; mais si par le nom de Forme l'on entend la disposition, temperature, & maniere d'estre particuliere de cette substance avec la plus grossiere, d'ou suivent & emanent les Facultez & les actions naturelles, alors la forme peut estre censée, & estre dite Qualité, & mesme, comme parle Aristote, la Premiere Qualité.

Tenons donc pour constant que tout ce qui se considere dans les choses corporelles & physiques, à l'exception de l'Ame Raisonnable dont nous parlerons ensuite, est ou Substance, c'est à dire corps, ou amas de principes materiels & corporels, ou Qualité, c'est à dire Accident, Mode, ou maniere d'estre de cette mesme matiere, de ces mesmes Principes ; tenons-le, dis-je, pour constant de l'aveu mesme d'Aristote, lors qu'il dit que la seule substance est proprement un Estre, & que l'accident n'est point tant un Estre que l'Estre d'un Estre, ou la Maniere d'estre de l'Estre.

CHAPITRE II.

De la Rareté, & de la Densité.

Nous commençons ce Traitté par la Rareté, & la Densité, comme estant les premieres de toutes les Qualitez; parce que selon ce que nous avons dit jusques à present, rien ne s'engendre que du meslange des Principes, entre lesquels il faut de necessité qu'il y ait de petis Vuides repandus, & que selon qu'il y a plus ou moins de ces vuides interceptez, le corps est ou plus Rare, ou plus Dense.

Pour entendre plus clairement en quoy consiste la difficulté qui se fait sur ce sujet, je suppose seulement que le corps Rare est bien defini, & qu'on entend tres bien ce que c'est lors qu'on dit, que c'est celuy qui contenant en soy peu de matiere, occupe beaucoup de lieu; & le Denfe au contraire, celuy qui contenant beaucoup de matiere, occupe neanmoins peu de lieu; & j'entens par ce mot de lieu tout cet efpace qu'embraffe la fuperficie du corps qui environne, tel qu'eft l'efpace que les coftez d'un vafe renferment. Car fi tantoft l'air, & tantoft l'eau occupent cet efpace, l'on dira que l'air fera rare; parce que contenant beaucoup moins de matiere que l'eau, il occupe neanmoins autant de lieu qu'elle, & l'on dira que l'eau eft denfe; parce qu'ayant beaucoup plus de matiere que l'air, elle eft neanmoins reduite à un lieu egal.

D'où vient par confequent que fi vous concevez que cette eau fe rarefie en air, & que cet air fe condenfe en eau, l'air qui fera formé de l'eau rarefiée remplira un vaiffeau dont la capacité fera non feulement dix fois, comme l'a determiné Ariftote, mais cent fois plus grande; & l'eau qui fera formée d'air condenfé remplira un vaiffeau cent fois plus petit, quoy qu'il n'y ait neanmoins pas plus de matiere dans ce plus grand volume d'air, qu'il y en avoit dans l'eau avant qu'elle fuſt rarefiée. Ainſi vous voyez que le corps Rare eſt dit celuy qui occupe plus de lieu qu'il n'en occuperoit s'il eſtoit condenſé, & que le Denſe eſt celuy qui en occupe un moindre qu'il ne feroit s'il eſtoit rarefié.

La difficulté conſiſte maintenant à ſçavoir ſi le corps rare occupant plus de lieu, occupe tellement tout l'eſpace qui eſt environné par la ſuperficie, qu'il en rempliſſe generalement toutes les parties juſques aux plus petites, & qu'il n'y ait aucun petit eſpace, quelque petit qu'il puiſſe eſtre, dans lequel il n'y ait quelque parcelle de la matiere du corps rare; ou plûtoſt s'il n'y a point quelques parties inſenſibles d'eſpace entre-meſlées qui ne ſoient remplies par aucunes parties de matiere; & qu'ainſi il y ait de ces petis eſpaces vuides que nous avons expliquez cy-deſſus.

Nous avons montré lors que nous traittions du Vuide que ſi l'on n'admettoit pas de petits eſpaces vuides dans le corps rare, mais que les parties de matiere egalaſſent les parties de lieu, & leur correſpondiſſent parfai-

DES QUALITEZ. 9

tement en sorte qu'il n'y eust aucune petite partie de lieu dans lequel il n'y eust une petite partie de matiere ; il faudroit que lors que se fait la condensation, plusieurs corps (cent parties, par exemple d'air converties en eau) fussent precisement dans un mesme lieu, & parfaitement égal à celuy qui estoit auparavant rempli par une seule partie ; & qu'au contraire il faudroit lors qu'un corps dense se rarefie, comme lors que l'eau est convertie en air, qu'une petite partie de cette eau fût en cent lieux distincts, dont chacun luy fust parfaitement égal.

J'ajoûte maintenant ce raisonnement. Lors que de l'eau remplit un vaisseau dont la capacité est par exemple d'un pied cubique, s'il n'y a aucun petit espace vuide intercepté, il est constant qu'on peut dire qu'il y a precisement autant, & ni plus ni moins de parties d'eau qui remplit l'espace, qu'il y a de parties de l'espace qui est rempli ; car comme tout l'espace est rempli, ou est occupé par toute l'eau, ainsi la moitié en est remplie par la moitié, le quart par le quart, la centiéme, ou la milliéme partie par la centiéme, ou la milliéme, & ainsi des autres; ensorte que de toutes les parties de la masse d'eau ou matiere il n'y en a aucune qui ne soit en quelque partie de l'espace, ni pareillement aucune partie de l'espace dans laquelle il n'y ait quelque partie d'eau. Il y a donc une telle proportion & correspondance entre l'eau, & l'espace, qu'il y a une parfaite egalité de parties d'un costé & d'autre. Supposons ensuite que ce vaisseau ne soit plus rempli d'eau, mais d'air, s'il n'y a aucun petit vuide intercepté, il s'ensuit derechef qu'il y a tout autant, & ni plus ni moins de parties d'air qu'il y a de parties d'espace; car le mesme raisonnement se peut faire, & on concevra de mesme qu'il y a une telle proportion & correspondance entre l'espace & l'air, qu'il y aura une parfaite égalité de parties des deux costez.

Or de tout cecy il s'ensuit Premierement que les parties d'air sont égales aux parties d'eau, veu que les unes & les autres sont égales en nombre aux parties de l'espace, & de plus qu'il y a autant de matiere, ou de corps

DES QUALITEZ.

dans l'air, puisque l'un & l'autre corps ayant esté divisé en parties, les unes & les autres égalent parfaitement les parties du mesme espace.

Supposons maintenant que cette mesme eau d'un pied de volume se raréfie tellement, que l'air qui en sera produit soit capable d'occuper un vaisseau dont la capacité soit du moins de dix pieds : Si dans ce vaisseau il n'y a aucun petit espace vuide intercepté, il s'ensuit, de mesme que nous venons de dire, qu'il y aura une correspondance & une égalité entiere & parfaite des parties d'espace & d'air. Or dans cet air il n'y a pas plus grand nombre de parties qu'il y en avoit dans l'eau ; & partant les parties de l'espace d'un pied, & celles de l'espace de dix pieds faisant une égalité parfaite avec les parties d'une mesme matiere ou d'un mesme corps, il s'ensuivra qu'un espace d'un pied sera égal à un de dix, ou ce qui est le mesme, que le Tout sera égal à sa partie.

Faites de plus que l'air qui est contenu dans un vaisseau d'un pied soit tellement condensé qu'il puisse seulement occuper un vaisseau dont la capacité soit d'un doigt, il s'ensuivra de mesme que l'espace d'un pied égalera celui d'un doigt, ce qui est tomber dans la mesme absurdité; & il s'ensuivra enfin qu'il y aura autant de matiere d'eau dans un doigt, que dans tout le pied.

Faites encore que le mesme vaisseau d'un pied soit rempli de Plomb ou de vif-argent, il arrivera qu'il n'y aura pas plus de matiere dans le plomb, ou dans le vif-argent que dans l'air ; veu que les parties de matiere, tant du plomb ou du vif-argent que de l'air, repondront parfaitement aux mesmes parties d'espace : Et il suivra mesme de là que l'air sera aussi dense que le plomb, que le vif-argent, & que quelque autre corps que ce soit; & que l'eau, le plomb, & le vif-argent seront aussi rares que l'air mesme, en un mot, que tout ce qui est dans le Monde sera également rare, ou également dense ; & qu'ainsi aucun corps rare ne pourra se condenser, ni aucun dense se rarefier.

Il est vray qu'il y en a qui ne conviennent pas avec nous du sens de la definition que nous avons apportée du corps rare, & du dense, & qui disent ordinairement avec Aristote, qu'il

DES QUALITEZ. 13

y a une certaine substance chaude & animale (d'autres ajoûtent tres-subtile) qui remplit tous les pores, & principalement ceux des corps rares, & que lors qu'un corps se rarefie, il n'y a point de petis vuides interceptez entre ses parties separées, mais des parcelles de cette matiere, lesquelles sont chassées lors qu'un corps rare se condense. Mais premierement cette reponse suppose que tout soit plein, ce que nous avons montré cy-devant estre impossibile. D'ailleurs le moyen de concevoir qu'une matiere soit plus rare, ou plus dense, plus au large, ou plus serrée, plus subtile, ou plus grossiere, & plus ou moins mobile ou fluide qu'une autre, qu'on ne conçoive en mesme temps qu'elle a des parties plus petites, ou plus grosses ; que ces parties ne sont que contiguës ; qu'elles ont chacune leur figure particuliere ; que si elle est fluide, ces figures doivent mesme estre polies, approcher de la figure ronde, & avoir entre elles de petis vuides interceptez qui facilitent leur fluidité & écoulement, & à l'occasion desquels elles puissent devenir plus ou moins pressées en les remplissant, & s'y arrangeant plus ou moins exactement ? Et enfin qui est celuy qui puisse concevoir une matiere, quelque subtile qu'elle soit, estre de figure indeterminée, si ce n'est du moins qu'il la concoive comme quelque masse continuë, & sans fluidité ?

Joint qu'il ne serviroit de rien à ceux qui admettent cette matiere subtile, qu'une masse de matiere eust esté, comme ils veulent, divisée en parties; puis que tout estant plein, & n'y ayant rien entre les parties, elles seroient contiguës, & que dans leur Opinion la Contiguité est la plus grande & la plus forte cole & union qui puisse estre, comme nous avons déja dit.

Ils disent que cette matiere subtile est comme de l'eau ; mais il faudroit auparavant nous faire concevoir comment il est possible que l'eau soit fluide si ce n'est entant que ses parties sont seulement contiguës, qu'elles ont leurs figures particulieres & determinées telles que je viens de dire, & qu'elles ont de petis vuides interceptez qui facilitent leur fluidité.

Cela estant, considerez, je vous prie,

DES QUALITEZ. 15

combien il est plus facile d'expliquer la rareté, & la densité par l'interposition du vuide. Nous nous sommes servis en traittant du Vuide de la comparaison du bled qui tantost est plus rare, pour ainsi dire, & tantost plus dense dans un boisseau, entant qu'il y est placé tantost plus au large, & tantost plus à l'étroit, ou qu'il y est plus resserré; nous nous servirons à present de celle d'une Toison. Car comme nous concevons qu'en étendant, ou en pressant une Toison, la laine se rarefie, & se condense, & qu'il se fait une espece de rareté, ou rarefaction lors que les poils qui estoient auparavant plus serrez, ou plus proches entre-eux, sont tirez & écartez les uns des autres, & qu'il se trouve plus de lieux, ou des lieux plus larges interceptez dans lesquels il n'y a point de laine; & qu'au contraire il se fait une densité, ou une espece de condensation, lors que les poils qui estoient auparavant plus écartez, s'approchent de plus prés entre-eux, & que les lieux interceptez sont en moindre quantité, ou plus étroits. De mesme aussi l'on peut concevoir que la mesme matiere tantost se rarefie en air, & tantost se condense en eau, en ce qu'au lieu de poils il est permis de concevoir des parties de matiere si petites qu'on voudra qui s'écartent, ou qui s'assemblent: Et bien qu'il y ait cette difference que lors qu'on étend une toison, l'air entre de dehors dans les lieux qui sont entre les poils, & qu'on suppose qu'il n'entre aucun air, ni aucune substance, soit animale, ou autre lors que l'eau se rarefie en air ; il est neanmoins evident que la comparaison ne se prend pas en ce qu'il n'y ait aucun corps entre les poils, mais en ce qu'il n'y a point de laine ; ensorte que s'il n'arrivoit rien de dehors, les lieux qui sont entre les poils seroient entierement vuides.

Il faut neanmoins remarquer qu'un corps n'occupe jamais plus de lieu veritable ou d'espace que n'en exige sa propre grandeur, & qu'ainsi bien que dans la rarefaction une matiere semble en occuper davantage que dans la condensation, cela n'est neanmoins pas vray eu égard à ses parties qui sont toûjours les mesmes, mais seulement en apparence, & eu égard aux petis espaces interceptez, qui dans la rarefaction sont en plus grand nombre, ou plus larges, comme il a esté dit, & dans la condensation en moindre quantité, ou plus étroits.

CHAPITRE III.

De la Transparence, & de l'Opacité.

ENcore que la Transparence, & l'Opacité ne suivent pas precisément les loix de la Rareté, & de la Densité, il est neanmoins vray de dire en general, & la mesme figure, & le mesme arrangement des parties estant supposez, que chaque chose est d'autant plus transparente, ou plus opaque, qu'elle est ou plus rare, ou plus dense ; & que la transparence ne se conçoit que par quelque interposition de vuides dans le corps transparent ; ni l'opacité que par quelque privation de vuides, ou interposition de matiere dans le corps opaque. Car je suppose que ce corps, ou cet espace est dit transparent, lequel bien que posé entre l'œil & l'objet lumineux ou coloré, n'empefche toutefois pas qu'il ne paſſe des rayons de l'objet à l'œil, & qu'ainſi l'œil ne voye l'objet. Je ſuppoſe encore de ce que nous dirons enſuite de la lumiere, que ces rayons ſont corporels, veu que quand un eſpace eſt libre, ils paſſent au travers, & que quand il eſt occupé par quelque corps, ils ſe reflechiſſent.

Et il s'enſuit de là Premierement que parce que le trajet des rayons par un eſpace vuide ſeroit entierement libre, cet eſpace peut par cette raiſon eſtre cenſé extremement tranſparent; & que tout corps eſt par conſequent d'autant plus tranſparent, qu'il a plus grand nombre, ou de plus grands eſpaces vuides qui ne s'oppoſent point aux rayons, & leur donnent libre paſſage.

Secondement que le corps qui occupe l'eſpace pouvant eſtre diſposé de telle maniere qu'il empeſche le trajet, ou tout à fait, ou en partie, s'il ne ſe peut faire aucun trajet le corps eſt cenſé tres opaque, & que pour peu qu'il s'en faſſe, il eſt cenſé tranſparent.

Troisiemement que parce qu'entre l'espace parfaitement transparent, & le corps extremement opaque, il y a tous les degrez de transparence, & d'opacité, il n'y a dans cette étenduë de degrez, c'est à dire entre le transparent parfait qui est l'espace, & le corps veritablement opaque, aucun corps tellement transparent qui n'ait quelque opacité meslée, ni aucun tellement opaque qui n'ait quelque transparence ; en ce qu'il y a tantost plus, & tantost moins de petits espaces vuides qui laissent passer les rayons, & tantost plus, & tantost moins de petits corps qui s'opposent aux rayons qui passeroient, & qui les reflechissent.

Au reste, ce n'est pas sans sujet que j'ay dit que la transparence, & l'opacité ne suivent pas precisement les loix de la densité, & de la rareté ; car bien qu'une toile, selon qu'elle est tissue de mesmes fils ou plus rares, ou plus frequens, soit ou plus transparente, ou plus opaque (le mesme se pouvant dire de l'air selon qu'il a plus ou moins de vapeurs, & des autres choses de la sorte) nous voyons toutefois qu'il y a des corps qui d'ailleurs sont rares, comme est une feüille de papier, ou une éponge, qui ont de l'opacité; & au contraire qu'il y a des corps denses, comme est le verre, & le cristal, qui ont de la transparence.

Pour entendre quelle peut estre la raison de cecy: Mettez plusieurs cribles, ou plusieurs toiles claires l'une sur l'autre, il est certain que si vous les disposez de sorte que les petits trous se repondent les uns aux autres, vous ne laisserez pas de voir le corps qui sera au delà, quand il y auroit cent cribles, ou cent toiles l'une sur l'autre; mais s'il y a des parties de la peau du crible, ou des filets dans la toile qui soient opposez aux petis trous, pour lors, ou vous ne verrez rien du tout, ou vous verrez dautant moins qu'il aura moins demeuré de trous ouverts. Vous pouvez par consequent remarquer que la liberté de la veuë depend veritablement des petis trous, & que l'empeschement depend des corps qui se trouvent entre-deux, & qui empeschent les rayons de passer; mais qu'outre cela il est requis une certaine situation, ou arrangement particulier tant des

DES QUALITEZ. 21

trous que des corps, & que ce n'est pas sans raison que Democrite, & Lucippe ont dit dans Aristote, que nous voyons au travers, & au delà de l'air, de l'eau, & des autres choses transparentes, *parce qu'elles ont des pores qui sont veritablement insensibles acause de leur petitesse, mais qui sont neanmoins frequens, & en ordre, & que les choses sont d'autant plus transparentes que ces pores sont plus frequens, & mieux arrangez.*

Cela estant, je dis que le papier est veritablement un corps plus rare que le verre, mais qu'il n'est pas neanmoins également transparent, parce que la contexture des fils dont il est fait est confuse, ensorte que les pores qui sont ouverts à l'entrée ne sont pas continuez avec ceux qui suivent & qu'il se rencontre des corps par derriere qui leur sont opposez, & qui en quelque façon les bouchent. Mais le verre, acause de sa contexture reguliere, & ordonnée a de petis corps situez en ordre, & entre ces corps de petis pores qui sont aussi situez en ordre, & en ligne droite.

Il faut neanmoins concevoir cecy dans le vetre comme dans un broüillar, au travers duquel nous ne laiſſons pas de voir diſtinctement une choſe qui eſt proche, tant qu'il reſte encore pluſieurs paſſages droits entre les petis grains ou petis corps dont il eſt formé, par où les rayons paſſent de la choſe veuë à l'œil; & nous voyons d'autant moins cette choſe qu'elle eſt plus éloignée; parce que dans cet éloignement il ſe rencontre toûjours de petits corps qui bouchent de nouveaux paſſages, enſorte que nous ne la voyons enfin plus, lors qu'eſtant encore devenuë plus éloignée, tous les petis paſſages ſont bouchez par les petis corps qui ſuivent. Car ſi le verre pareillement eſt fort mince, il n'empeſche preſque point la veuë, quoy qu'il l'empeſche de plus en plus à meſure qu'il eſt plus épais, enſorte qu'eſtant enfin épais de quelques doigts, on ne voit rien du tout au delà; ce qui n'arrive certes, que parce que le verre eſtant compoſé alternativement de petis corps, & de petis pores inſenſibles, il ſe trouve veritablement de tous coſtez pluſieurs petis paſſages ouverts en droite ligne juſques à quelque diſtance; mais comme tantoſt ceux-cy, &

tantost ceux-là sont bouchez par les petis corps qui sont en suite, le verre contracte enfin une espece d'opacité.

Et parce que l'on croit ordinairement qu'un verre fort mince est tout transparent, j'ay accoûtumé de le faire exposer au Soleil avec une feüille de papier blanc derriere qui reçoive les rayons qui passent au travers, & une devant qui reçoive ceux qui se reflechissent : Et parce que celle qui est derriere reçoit les rayons qui ont passé avec une espece de petite ombre, & que celle de devant qui reçoit ceux qui se reflechissent, represente une espece de petite lumiere ; je demande en premier lieu d'où vient cette petite ombre si ce n'est des petis corps qui ayent empesché de passer les rayons qui ont tombé sur eux ? D'où vient cette petite lumiere sinon des rayons qui n'ont pas passé avec les autres, mais qui ont esté reflechis par les petis corps ? D'où vient que dans l'une & dans l'autre feüille il n'y a point tant de clarté que dans une autre sur laquelle vous recevriez les rayons sans verre si ce n'est parce que dans la feüille de devant il y manque des rayons reflechis, à sçavoir ceux qui ont passé au travers, & que dans celle de derriere il y en manque de droits, à sçavoir ceux qui n'ont pas peu passer, & qui ont esté reflechis? D'où vient enfin, pour dire en un mot, que quelques-uns passent & que quelques-uns se reflechissent, si ce n'est que comme une toile dont la tissure est formée alternativement de trous, & de fils, laisse passer les rayons qui tombent dans les trous, & renvoye ceux qui tombent sur les fils, le verre doit de mesme estre formé alternativement de petis corps, & de petis pores, & que par les petis pores il laisse passer les rayons, & par les petis corps il les reflechit?

Il n'est pas necessaire de dire qu'il en est le mesme de l'eau; veu qu'il n'y a que cette difference, que comme l'eau est plus transparente que le verre, aussi faut-il une plus grande profondeur ou longueur d'eau pour qu'elle paroisse opaque, & impenetrable aux rayons, & à nostre veuë: Où vous remarquerez cependant que non seulement le verre, mais l'eau mesme est plus opaque que le broüillar, quoy que cela puisse

puisse sembler incroyable à qui n'y prendroit pas garde.

Car à l'égard du verre, il n'y a pas sujet de s'etonner que quelqu'un estant au milieu d'un broüillar, & taschant de voir un objet qui ne sera peut-estre eloigné de l'œil que de deux ou trois pieds, ne voit neanmoins point cet objet; puisque si dans la plus grande lumiere l'on mettoit entre l'objet & l'œil un verre qui fust de bien moindre epaisseur, l'on s'appercevroit d'une tres-grande opacité.

Et à l'egard de l'eau vous connoîtrez qu'il en est le mesme, si vous prenez garde qu'en regardant en bas d'une Tour, ou de quelque fenestre elevée, on ne laisse pas de voir la terre, quoy qu'il y ait entre-deux un broüillar fort epais, & que cependant quand on regarde de la superficie de l'eau en bas, on ne decouvre souvent point le fond, encore que la profondeur ou epaisseur de l'eau soit de beaucoup moindre que celle du broüillar. Joint que ceux qui plongent dans l'eau au delà de douze ou de quinze coudées, ne discernent plus ni le Soleil, ni rien de ce qui est autour d'eux.

Tome II. B

Il n'est pas encore necessaire de dire qu'il en est de mesme de l'air, soit qu'on dise que l'air n'est autre chose qu'une contexture de vapeurs, ou d'autres exhalaisons plus pures, soit qu'on aime mieux dire qu'il n'en est jamais exempt; veu qu'il n'y a aussi que cette difference, que comme l'air est de nos corps ordinaires le plus transparent, aussi demande-t'il une bien plus grande longueur pour qu'il paroisse prendre quelque opacité. Et mesme nous ne nous appercevons point qu'il prenne d'opacité si nous regardons en haut, parce que les vapeurs ne montent pas fort haut; mais on en apperçoit si nous regardons horizontalement, parce que de ce costé-là la longueur des vapeurs est de plusieurs mille, dans la suite desquels il se bouche toujours de plus en plus de petis passages par l'interposition des petis corps qui suivent, que les antecedens avoient laissé ouverts, d'où il se forme enfin une espece d'obscurité nebuleuse qui non seulement couvre les Astres de mediocre grandeur, mais qui obscurcit mesme le Soleil, & le cache quelquefois tout à fait.

Ce que j'ay touché cy-dessus, asçavoir que la rectitude des pores ou passages qui se trouvent dans le verre vient de la contexture reguliere des petis corps de verre, suppose comme nous dirons en son lieu, que les petis corps qui sont comme les semences des composez, se portent, & agissent d'eux-mesmes dans leur conformation, & s'accommodent selon qu'il est convenable à leur constitution; en sorte qu'il y a ainsi moins de sujet de s'etonner si dans la conformation du verre, du crystal, du diamant, & des autres corps transparens, les petis corps dont ils sont tissus s'agencent de telle maniere qu'ils laissent des files de petis pores, & de petis chemins droits par où puissent passer les rayons.

Que si dans de certains corps il y a plus grand nombre de ces passages plus droits, & continuez plus avant, il est à croire que cela vient de ce que les petis corps sont plus petis, & plus uniformes, & de ce que les corps etrangers qui sont toujours meslez avec, sont pareillement aussi plus petis, & leur sont plus conformes. Aussi il semble que c'est acause de cela que l'eau a tant de ces pores ou passages, & qu'elle est transparente à une si grande distance, & de ce que le sel qui sera meslé avec elle ne la rend pas moins transparente, au lieu qu'un peu de terre meslée la rend opaque ; car on peut dire que le sel se dissout en petis corps qui ne sont pas moins petis que ceux de l'eau, & qui ne troublent & n'interrompent pas sensiblement la suite des petis corps, au lieu que la terre se dissout seulement en petis grains un peu plus grossiers, & qui ecartent sensiblement les petis corps d'eau, & interrompent sensiblement leur suite, & arrangement.

Les Corpuscules de feu, & ceux de cendres qui penetrent dans les pores & petis passages du crystal qu'on tient une ou deux minutes dans le feu, semblent faire la mesme chose ; car le crystal perd pour toujours sa transparence. Le mesme se fait dans le verre par les petis corps de couleur qu'on y mesle ; car l'art en le broyant & brisant n'en peut jamais venir à la subtilité où les reduit la Nature, & principalement dans les choses liquides, &

capables d'estre fonduës comme est le verre.

C'est icy le lieu de remarquer une chose assez admirable, & qui est connuë des Chymistes, asçavoir que le Plomb, tout dense & opaque qu'il est, estant poussé à grand feu, & estant en mesme temps souflé, se forme en une espece d'Hyacinte tres transparente; tant il est vray que non seulement la rareté, mais encore la disposition particuliere des parties contribuë beaucoup pour la transparence: Je ne m'arresteray pas à dire comme par le moyen du feu il reprend derechef sa forme de plomb, la disposition de ses parties estant derechef renversée; ni comme l'eau qui de sa nature est transparente, devient opaque simplement en se congelant en neige, & comme en se dissolvant derechef en eau elle reprend sa transparence acause que les parties changent de situation; pour ne rien dire de la glace qui estant transparente devient opaque en la mettant en poussiere, comme nous dirons ensuite plus au long.

B 3

CHAPITRE IV.

De la Grandeur, Figure, Subtilité, Grossiereté, Douceur, & Aspreté.

Qvoy qu'il ne s'ensuive pas qu'une chose qui est composée de plus grands Atomes soit plus grande, & que celle qui est composée de plus petis atomes soit plus petite, ni que celle qui est formée d'atomes figurez d'une certaine maniere ait incontinent la mesme figure; il est neanmoins vray de dire en general que la raison pourquoy un corps a de la Grandeur est, que les principes materiels dont il est composé ont quelque grandeur; & derechef, que tout corps est terminé à quelque Figure, parce que ces mesmes principes ne sont pas d'une Grandeur immense, mais qu'ils sont terminez, ou ont une figure; de sorte que nous pouvons conclure que la Grandeur, & la Figure des composez tirent leur origine de la grandeur, & de la figure des atomes ou premiers principes.

Il n'est pas necessaire de vous avertir que le mot de Grandeur ne se prend pas icy par comparaison, ou entant qu'il est opposé à ce mot de petitesse, mais plutôt absolument, & entant qu'il est synonime, ou signifiant la mesme chose avec celuy de quantité, ou d'étenduë. Car comme chaque Atome, ou si vous voulez, cette derniere & indivisible portion de matiere, n'est pas un poinct Mathematique, mais a sa grandeur ou quantité simple & absoluë sans rapport à quoy que ce soit; de mesme chaque corps composé a sa quantité composée sans rapport à aucun autre corps; & l'on comprend tres bien que les diverses parties de ce corps n'estant point les unes au dedans des autres, mais toutes situées en ordre, elles ont par consequent une certaine diffusion, & un certain arrangement, & que cette diffusion fait l'etenduë du Tout qu'elles composent; estant d'ailleurs constant que la quantité ou grandeur totale d'un corps, n'est autre chose que les etenduës particulieres de chacune des parties jointes ensemble, & qu'ainsi l'on conçoit qu'autant qu'on oste, ou qu'on ajoute de parties à un tout, autant luy oste-t'on, ou ajoute-t'on d'étenduë à proportion.

Et de là il s'enfuit que l'etenduë ou la quantité est un mode, ou une façon d'estre de la matiere, ou si vous aimez mieux, la matiere mesme entant qu'elle n'est pas dans un poinct, ou qu'elle a ses parties les unes hors des autres par le moyen desquelles elle est diffuse; & par consequent que chaque corps a autant d'etenduë, ou de quantité qu'il a de matiere; l'etenduë, estant une affection propre & particuliere de la matiere.

Et qu'on ne dise point qu'un corps qui est rarefié a autant, & ni plus ni moins de matiere que quand il est condensé, & que cependant, comme il occupe plus de lieu, son etenduë ou quantité est plus grande; car suivant ce que nous avons dit plus haut, l'etenduë qu'on attribuë au corps rare n'est pas l'étenduë de la matiere seulement, mais de la matiere, & des petis espaces vuides interceptez; ensorte que si vous supposez qu'il n'y ait point d'etenduë de petis vuides, vous concevrez que la matiere n'a pas d'avantage de veritable etenduë, ni n'occupe pas plus de veritable lieu par ses parties lors qu'elles sont rarefiées, ou eloignées les unes des autres, que par ses mesmes parties quand elles sont condensées ou jointes ensemble.

Au reste, quoy qu'il semble que l'Etenduë d'un corps se peut concevoir par la seule diffusion de ses parties, & en comprenant qu'elles sont les unes hors des autres ; neanmoins ces façons de parler ordinaires, plus un corps a de matiere, plus il occupe de lieu, & moins il a de matiere, moins il occupe de lieu, nous donnent à entendre qu'on la conçoit presque, & explique par rapport à l'Espace ou au lieu.

Car toutes les fois qu'on dit combien une chose est etenduë ou est grande, nostre Entendement la rapporte tout aussi-tost au lieu dans lequel elle est, ou peut estre, & avec lequel elle convient, ou est commensurable. Et la raison de cecy est, que selon la loy de la Nature, chaque corps occupe son lieu, & que ce lieu est aussi grand que le corps, ensorte que soit que nous le concevions en repos, ou en mouvement, nous concevons toujours où le mesme lieu, ou un lieu egal dans lequel il est etendu.

Je dis selon la loy de la Nature; parce que si on regarde la Divine puissance, il nous faut avoir d'autres sentimens. Car comme Dieu est l'Autheur de la Nature, il l'a creée & établie telle qu'il a voulu, & n'a pas prescrit à sa Puissance la loy qu'il a prononcée à la Nature. Ce que j'insinuë acause des sacrez Mysteres dans lesquels nous sommes enseignez, & professons que le corps est sans etenduë, & que l'etenduë du corps subsiste sans le corps mesme: Dieu faisant voir en cela qu'il n'est point attaché aux loix de la Nature, & que les ayant etablies luy-mesme, il ne s'est pas osté le pouvoir de faire toutes les fois qu'il le veut ce qui semble leur repugner.

Et l'on ne doit point nous objecter que c'est une chose inconcevable, & que partant il est absurde, & mesme absolument impossible, ou qu'un corps subsiste privé d'etenduë, ou une etenduë privée de corps: Car au contraire, il n'appartient qu'à un Esprit mal reglé de vouloir mesurer la Divine puissance à la petitesse de nostre Entendement;

comme si cette puissance n'estoit pas infinie, & n'estoit pas eslevée jusques là où la foiblesse humaine ne sçauroit atteindre! Et certes, elle seroit bien petite & bien limitée si elle n'avoit pas plus d'etenduë que nostre Entendement!

Qu'il est bien plus raisonnable lors qu'il s'agit de ce que Dieu peut, de ne luy denier rien, & de ne prononcer jamais sous pretexte de contradictions dans lesquelles l'Esprit s'embarrasse, que Dieu ne peut pas faire quelque chose; & ce, à mon avis, peu religieusement, & avec peu de respect & de reverence! Car que faisons-nous autre chose en parlant de la sorte, sinon temoigner avec trop de confiance, pour ne dire pas de temerité, que nous sommes persuadez que nôtre Entendement est autant étendu que la Divine puissance? Saint Augustin en use bien plus religieusement lorsqu'il nous exhorte *d'avoüer que Dieu peut quelque chose que nous ne pouvons pas comprendre, & dont toute la raison de l'effet, est la propre puissance de celuy qui fait!*

Or ce que nous venons de dire icy à l'occasion de l'etenduë sans corps, ou du corps sans etenduë, se doit entendre d'un corps avec son etenduë, lequel bien qu'il ne puisse pas par la force de la Nature estre en mesme temps dans le mesme espace dans lequel un autre corps est pareillement avec son etenduë; nous ne devons neanmoins pas nier qu'il ne le puisse par la puissance Divine.

Cependant je remarque en passant, & demeurant precisement dans les termes de la Nature, que la Solidité, corpulence, ou materialité, & l'étenduë ou quantité, pouvant estre considerées dans chaque corps (non pas certes comme choses distinctes, mais comme une mesme chose considerée en deux façons) je remarque, dis-je, que la raison fondamentale pourquoy il ne se fait pas de penetration de corps, ou qu'un corps est exclus du mesme lieu dans lequel il y en a un autre, n'est point tant l'étenduë ou quantité precisement prise, que la Solidité ou corpulence. Car par la Solidité l'on entend bien mieux que par l'Etenduë l'opposition qu'il y a entre le vuide & le corps, & la resistance que fait un corps à un autre à ce qu'il ne s'introduise pas au dedans de luy, & ne l'admette dans son mesme lieu, comme fait le vuide ou l'espace.

Nous devrions maintenant dire quelque chose de la Continuité de la grandeur, mais cela s'entendra presque assez de ce que nous dirons cy-aprés de la mixtion des choses, lorsque nous montrerons qu'un corps doit estre dit Continu entant qu'il a ses parties jointes, liées & adherantes les unes aux autres, & qu'il n'y a aucun des Sens qui bien qu'elles ne soient que contiguës entre elles, puisse distinguer leur jointure. En effect la grandeur, ou comme on parle ordinairement, la quantité continuë, est differente de la multitude ou quantité discrette, en ce que les parties de la quantité continuë peuvent veritablement bien estre separées, mais ne sont neanmoins pas separées, au lieu que les parties de la quantité discrete sont actuellement ou effectivement separées : Non que les parties de la multitude ne puissent pareillement se toucher mutuellement, comme plusieurs pierres dans un tas, mais parce qu'elles ne sont pas entre-laſſées, & qu'elles ne s'acrochent pas, & ne ſe retiennent pas les unes les autres par leurs petis crochets, & petites anſes.

Car de cette maniere un tas de poils dans un drap bien tiſſu devient quelque choſe de continu, ce qu'on ne peut pas dire d'un tas de pierres, quoy qu'il ſoit neanmoins conſtant que les poils ne ſe penettent pas les uns les autres, & qu'ils ſont ſeulement contigus.

En ce meſme ſens une groſſe corde faite de fils de chanvre bien torts enſemble, devient quelque choſe de continu, & non pas un faiſſeau de verges, quoyque les fils ne ſoient pareillement que contigus, & ne deviennent ainſi capables de reſiſter comme ils font lors qu'on taſche de rompre la corde, que parce qu'eſtant fortement tournez, & ſerrez, ils ſe lient, & ſe preſſent tellement entre-eux qu'ils ne ſçauroient eſtre ſeparez les uns des autres.

Et c'eſt encore ainſi que du limon eſt quelque choſe de continu, quoy qu'il ne ſoit auſſi qu'un meſlange de petis grains de terre, & d'eau, qui ne

DES QUALITEZ. 39

font pas davantage que contigus. En un mot, tous les corps que le feu, ou quelque autre force diffout, & dont il rompt la continuité en feparant leurs parties qui n'eftoient que fortement liées, preffées, & accrochées entre-elles, font cenfez continus avant la diffolution de leurs parties.

De là vient que fi l'on demande quelque corps qui foit tellement continu, qu'il ne foit aucunement formé de chofes contiguës, on ne fçauroit affigner que le feul Atome duquel fe doivent entendre ces paroles de Democrite dans Ariftote, *Ni d'un il ne s'en peut point faire deux, ni de deux un*; entant qu'un Atome n'eft point divifible pour qu'il puiffe devenir deux, & que deux ne fe peuvent point penetrer l'un l'autre pour devenir un, fi bien qu'il eft neceffaire qu'ils demeurent tous diftincts entre-eux, & fans fe confondre. Cela n'empefche neanmoins pas que felon l'ufage ordinaire, & entant que le fens ne fçauroit appercevoir ni les Atomes, ni leurs jointures, tout corps qui n'eft effectivement pas divifé en parties, ne foit dit continu.

A l'egard de la Figure des composez, nous dirons seulement deux choses. La Premiere, que la Figure considerée physiquement n'est autre chose
que la superficie du corps, ou l'extremité du corps mesme ; & qu'ainsi elle
n'est rien de reel outre le corps mesme, entant qu'il est ou uni, ou relevé,
ou enfoncé : C'est ce que le seul exemple de la cire marquée d'un cachet
nous rend évident ; car bien qu'il semble que cette figure soit quelque chose
d'excellent, ce n'est neanmoins effectivement que la cire mesme entant
qu'elle a esté laissée un peu plus rele-
vée dans un certain endroit, qu'elle a
esté un peu enfoncée dans un autre, &
qu'elle a esté couppée icy d'une façon,
& là d'une autre, &c. sans y ajouter
(comme on dit ordinairement) ou en
oster aucune entité : Ce que je dis afin
que l'on conçoive qu'il en est le mesme de quelque autre figure que ce
soit ; car il n'y a aucune difference, soit
que l'on prenne des figures naturelles, telles que sont celles des animaux, des plantes, ou des pierres precieuses, soit qu'on en prenne d'artificielles, comme celle d'une maison,

d'une statuë, d'un collier, & autres.

La seconde, que plusieurs Especes peuvent veritablement naistre de figure incertaine ou differente de l'ordinaire, mais qu'il n'y en a neanmoins presque aucune qui n'ait la sienne determinée, & qui ne l'obtienne autant qu'elle peut: Et la raison que nous avons de croire que plusieurs choses peuvent naistre de figure incertaine est, que les premiers meslanges des Atomes se peuvent faire d'une maniere incertaine, & que les choses estant mesme établies, & ayant trouvé un certain cours, & une certaine suite ordinaire de se mouvoir, il peut intervenir tant de choses que l'ordre commencé soit changé, & interrompu, ensorte que la chose se forme, & paroisse d'une Figure extraordinaire, comme ce Cochon qui naquit à Aix d'une Chienne il y a quelques années, ou comme ce Veau à deux testes qu'on nous a montré, & autres choses de la sorte.

Neanmoins l'Experience nous fait voir que rien presque ne se fait qu'il n'ait la figure parfaite de son Genre, ou que du moins il n'affecte de la prendre. Car à l'egard des Animaux & des Plantes, bien qu'ils se diversifient merveilleusement dans la quantité, & dans les formes de quelques parties, comme nous voyons dans les Genres des Chiens, & de ces Plantes qu'on nomme ordinairement du chien-dent, il demeure neanmoins toujours quelque vestige de la figure generique, qui est comme le caractere du Genre. Il demeure mesme dans les choses meslées, comme dans une Mule, ou dans une Plante qu'on a entée, quelque chose de l'un & de l'autre sexe; & l'on ne voit presque jamais aucuns Monstres qui dans quelque partie de leur conformation ne retiennent & ne fassent paroitre leur genre. Enfin, quoy qu'il y ait quelque diversité dans ces choses que nous venons de dire, c'est toujours une chose admirable, soit dans les plantes, soit dans les animaux qui non seulement naissent de parens, mais qui naissent comme d'eux-mesmes dans un mesme genre, de voir la grande ressemblance qui se trouve entre-eux quant à la figure.

Pour ce qui est des choses inanimées, on ne pourroit pas le croire si les Markasites dans les metaux; les pierres precieuses dans les pierres; les sels dans les sucs; les neiges dans les congelations, les arc-en-ciel dans les meteores qui sont toujours de mesme figure ou entierement, ou en partie (à proportion qu'il a esté dit des plantes, & des animaux) ne nous le faisoient voir en quelque façon. Et cette incertitude de figuration qui se rencontre dans les pierres ordinaires ne nous doit pas persuader du contraire; car soit qu'elles ayent esté coupées des mines, ou des rochers, & soit que l'art ou le hazard les ait reduites en petis morceaux, elles ne sçauroient certes conserver la mesme figure avec leurs touts, non plus que de petis morceaux de quelque os brisé, ou que du sel commun dans une saliere, qu'on ne jugeroit jamais estre de figure cubique. Mais si vous prenez garde aux files ou couches de rochers qui sont découvertes par la suite des temps dans les montagnes (& par consequent encore aux mines) & si vous considerez les pierres de riviere, ou celles qui sont répanduës dans le milieu des champs, & principalement dans les campagnes seches & infertiles ; vous reconnoitrez assurement que bien qu'on observe plusieurs differences, elles affectent neanmoins toujours une certaine configuration generale, comme font à peu prés les Animaux, & les Plantes dans leurs genres.

Les quatre autres qualitez qui ont une telle connexion avec la grandeur, & avec la figure des corps, qu'elles doivent particulierement leur origine à la grandeur, & à la figure des Atomes, sont la Subtilité, & la Grossiereté, la Polissure, & l'Apreté, dont les deux premieres regardent principalement la grandeur ; non qu'il ne se puisse faire un grand corps de petis Atomes, ou un petit corps d'Atomes grossiers, mais parce que le corps dont les Atomes sont plus petis a plus de subtilité, ou est plus capable de penetrer les autres corps en s'insinuant dans leurs pores ou petis espaces vuides, & que celuy dont les Atomes sont plus grossiers est plus grossier, ou plus obtus, & a moins d'aptitude à penetrer.

De là vient, dit Lucrece, que le feu

de la Foudre eſt beaucoup plus penetrant que celuy de nos flambeaux ordinaires, & que la lumiere paſſe au travers de la corne par où l'eau ne ſçauroit avoir paſſé ; les petis corps dont eſt formé le feu de la foudre, & la lumiere eſtant plus petis que ceux de nos flambeaux, & que ceux de l'eau, & par conſequent capables de paſſer par des pores & des trous par où ces derniers ne ſçauroient penetrer.

Il en eſt le meſme, ajoute-t'il, du vin, & de l'huile. Il faut neanmoins remarquer que bien que le vin ait des Atomes qui penetrent plus viſte de certains corps que ne fait l'huile, neanmoins parce que l'huile en penetre auſſi de certains qui ſont impenetrables au vin ; il ſemble pour cette raiſon que l'huile doit veritablement eſtre formée de quelques Atomes plus ſubtils que le vin, mais qui ſont neanmoins meſlez de quelques autres qui eſtant plus crochus retardent a cauſe de cela leur penetration ; outre que les meſmes crochets font qu'ils ſont plus tenaces, qu'ils demeurent plus long-temps attachez, & qu'ils ne ſe reſolvent pas ſi facilement.

La Poliſſure, & l'Aſpreté regardent auſſi principalement la figure des Atomes; ce n'eſt pas que ſi l'on s'en rapporte au tact, & à la veuë, on ne connoiſſe qu'une ſuperficie tiſſuë d'Atomes qui ont pluſieurs angles, peut eſtre polie, ou qu'une qui eſt faite d'Atomes polis, peut eſtre raboteuſe; puiſque les Atomes, & leurs figures ſont d'une telle petiteſſe que ceux qui ont plus d'angles, & ſont plus adherants, ne font paroitre aucune inegalité ſenſible, & que ceux qui ſont plus polis, peuvent s'aſſembler & s'arranger en maſſe de telle maniere qu'ils feront paroitre des pointes, de petis grains, & d'autres inégalitez ſenſibles; mais parce que ſi l'on s'en rapporte à l'Entendement, l'on conçoit qu'une ſuperficie faite d'Atomes angulaires, & crochus, doit eſtre en ſoy abſolument & effectivement raboteuſe. Car comme l'Entendement n'admet rien de parfaitement continu que l'Atome, ſelon ce que nous avons dit plus haut, auſſi n'admet-il rien de parfaitement poly que la figure de l'Atome ſoit tout entiere, s'il eſt rond, ou en ovale, ſoit en partie, & ſelon quelque facette seulement, s'il est triangulaire, ou cubique, ou de quelque autre figure.

C'est icy que se doit rapporter ce que nous avons dit cy-dessus de l'inegalité de toutes les superficies qui sont polies par l'art, comme celles du marbre, de l'acier, du bois, & autres dans lesquels ni la veuë, ni le toucher ne reconnoissent aucune inegalité, & que la raison reconnoit neanmoins devoir estre tres inegales; en ce que cette polissure ne s'est introduite que par le frottement, & les diverses ratures des petis grains du sable, ou de la lime par lesquels il s'est gravé fait & laissé de petites fosses entre-deux. Le mesme se doit dire du verre, & du crystal qui semblent tres polis; car l'Entendement y doit reconnoitre une pareille inegalité, en ce que le verre se fait veritablement de sels qui sont resouts en petis corps d'une petitesse extreme, mais qui conservent neanmoins toujours leur mesme figuration, comme il est evident de ce que nous avons dit en parlant des petis espaces vuides qui sont au dedans de l'eau, & qui sont remplis par des sels de differentes figures, & des teintures de differentes drogues. Ce qui se peut dire à proportion des autres choses qui ne peuvent certes point estre plus polies qu'est la superficie d'une eau salée, & qui n'est point agitée, dans laquelle neanmoins les petis corps dissemblables de sel, & d'eau sont alternativement meslez & disposez.

Au reste ce seroit, ce semble, icy le lieu de dire quelque chose de ce sentiment de plaisir & de douleur qui naist du contact de l'organe, & de la chose sensible, & nous pourrions montrer que le sentiment de plaisir ne peut venir que de la polissure des atomes, ou des petis tas imperceptibles qui flattent le Sens a cause de la proportion qu'ils ont avec l'organe, & qu'au contraire la douleur ne naist que de l'Aspreté des Atomes qui picotent & dechirent l'organe du sens; mais nous serons obligez de traiter ensuite ces matieres en particulier.

CHAPI

CHAPITRE V.

De la Vertu Motrice, de la Faculté, & de l'Habitude.

Toute la Vertu Motrice qui est dans les composez semble dependre de la troisieme proprieté des Atomes, qui est une espece de poussement naturel, & interieur. Car les Atomes quoy que serrez, liez, & detenus dans les masses, ne perdent pas pour cela leur mobilité, mais poussent & font effort incessamment; & comme les uns tendent, & taschent de sortir d'un costé, & les autres d'un autre, le mouvement suit ou se fait du costé que tend le plus grand nombre. C'est pourquoy la vertu motrice qui est dans chaque composé doit son origine aux Atomes, & n'est point en effect distincte de leur impetuosité, cette impetuosité estant neanmoins modifiée par l'enchainement mutuel, qui fait que les Atomes se prenant & s'embarassant mutuellement, & ne tendant par consequent pas chacun à part, ni ne s'envolant pas avec la vitesse qu'ils feroient s'ils estoient libres, tendent ensemble, & d'un mouvement plus lent ; plus lent, dis-je, selon la resistance qui se fait, a cause qu'il y en a toujours quelques-uns qui se portent à l'opposite, ou en travers, ou autre part. De là vient que les Atomes estant plus libres dans une composition spiritueuse qu'en aucune autre, la vertu motrice est censée resider principalement dans les esprits, & que vers où les esprits conspirent en plus grand nombre, vers là mesme la masse grossiere & paresseuse du corps est emportée.

Sic à Principiis ascendit Motus & exit.

Observons cependant que le mouvement des Atomes estant supposé estre de soy droit ou en droite ligne, & tres rapide, le detour, & la lenteur qui est dans les composez semble ne venir que de la repercussion, ou repression frequente & multipliée des mesmes Atomes. Car il se peut veritablement faire des rencontres selon les mesmes lignes, ensorte que la percussion, ou la repercussion l'emportant selon qu'il y en a plus ou moins, il s'ensuive quelque mouvement droit, quoyque plus, ou moins lent ; mais il s'en peut aussi faire à angles obliques, d'où il s'ensuive aussi par la mesme raison un mouvement non seulemeut plus, ou moins lent, mais aussi plus, ou moins oblique. Et mesme si apres une repercussion obliquement faite, il en suit une autre pareillement oblique, & derechef une autre, & puis une autre, il s'ensuivra un mouvement non selon un seul angle, mais selon plusieurs ; & il arrivera que si les angles sont tres frequens & tres proches les uns des autres, le mouvement deviendra, ou semblera estre d'une courbure uniforme, ou selon une ligne courbe, & sera par consequent dit mouvement circulaire, elliptique ou autre, selon qu'aura esté le detour, ou la courbure.

Il faut de plus observer que tout corps soit Atome, soit Composé, d'où se fait la repercussion, doit ou estre en repos, ou ne se mouvoir pas si viste vers ce mesme endroit que l'Atome ou le corps qui hurte ; car autrement celuy-là ne resisteroit pas à celuy-cy, & celuy-cy suivroit celuy là en le poussant continuellement sans reflechir. De là vient qu'excepté le mouvement naturel des Atomes tout autre mouvement suppose toujours quelque chose qui soit immobile, ou qui se mouvant moins viste, soit censé comme immobile; afin qu'il y ait de la resistance, & qu'il se puisse faire effort, & que tout mouvement puisse ainsi commencer, & estre renouvellé. C'est ce que nous expliquerons en son lieu, principalement à l'égard des Animaux en montrant qu'il n'y a aucun mouvement dans eux qui ne soit composé de mouvemens circulaires, & qui n'ait par consequent divers centres sur lesquels il se fasse divers appuis de suite.

Observons enfin qu'aucun corps ne semble pas en pouvoir choquer un autre qu'il ne le chasse, ou qu'il ne l'ébranle, sinon entierement, du moins selon son petit pouvoir, & par la petite partie qu'il le touchera. La raison de cecy est que la mesme impetuosité multipliée peut faire une impression qu'on concevra estre composée de plusieurs petites impressions particulieres dont chacune prise à part soit insensible. Ce que je dis afin que nous concevions que la force de pousser un autre corps ou qui regarde un autre corps, est celle-là mesme par laquelle quelque chose se meut soy-mesme, ou quelqu'une de ses parties. Car c'est presque par accident que lors qu'un corps est meu, il s'en rencontre un autre dans son chemin, que cet autre estant solide, & resistant soit poussé par la mesme force que le corps est meu, & que n'ayant pas la force de tenir ferme contre son impetuosité, il soit contraint de ceder, & d'avancer selon la mesme ligne que tend le corps qui pousse.

L'on entend de là que la vertu Attractrice est une espece d'impulsion, comme nous avons insinué plus haut, en ce que ce qui attire se servant d'une de ses parties qu'il courbe, ou d'un instrument courbé, il acroche le corps qu'il veut attirer, & le pousse vers soy-mesme.

A l'egard de la Faculté ou puissance naturelle, elle ne semble pas estre quelque chose de distinct de la vertu motrice mesme que nous venons d'expliquer: La raison de cecy est, que chaque chose est censée autant agir, ou estre autant capable d'agir qu'elle est capable de se mouvoir ou soy-mesme, ou autre chose. Il s'ensuit de là qu'il n'y a proprement point de faculté qui ne soit active ; parce qu'encore que le mouvement des corps soit une mesme chose avec l'action, & la passion, il a neanmoins son principe dans le seul mouvant ou agent. Et l'on ne doit pas s'arrester sur ce que l'on dit, qu'il y a aussi une Faculté ou puissance passive ; car cette faculté n'est proprement autre chose qu'une impuissance de resister, qui fait que le corps foible obeït, cede, & est meu.

Il y a donc au moins, direz-vous, quelque Faculté de resister, & cette faculté est passive ? Mais quoy que la vertu active qui est dans le corps resistant ne paroisse quelquefois pas, il est au moins visible qu'il y a plusieurs choses qui resistent par le seul mouvement, & consequemment par une Faculté active, comme lorsque vous marchez à l'encontre du vent, ou de l'eau, & generalement lorsque vous faites effort à l'encontre de quelque chose qui fait auſſi effort contre vous.

Pour ce qui eſt des autres choſes qui ſemblent eſtre en repos, & qui ne laiſſent pas de reſiſter, elles peuvent faire cela par cette eſpece de mouvement qu'on peut appeller Tonique à la maniere de celui qui eſt dans l'œil, lorſque tous ſes muſcles eſtant tendus il eſt tenu immobile. Ainſi toute la Terre, & toutes ſes parties ſont tenues immobiles, & demeurent fixes, & adherantes, & reſiſtent aux mouvemens, en ce qu'elles ſont cenſées tendre toutes & faire effort vers le meſme centre : Et c'eſt ainſi que les choſes compoſées peuvent eſtre conceuës immobiles, non que les principes dont elles ſont formées ne ſoient en perpetuel mouvement, mais parce qu'ils s'acrochent & s'embaraſſent mutuellement, & que lorſque les autres empeſchent par leurs mouvemens les mouvemens des autres, ils cauſent l'immobilité du tout.

Quoy qu'il en ſoit, nous devons du moins concevoir que la Faculté dans chaque choſe eſt le principe meſme de mouvoir, ou d'agir, ſinon le premier, qui eſt ce que l'on appelle la forme, du moins le second, ou qui decoule de la forme, & qui est comme son instrument.

Ce que j'admire est, qu'on admet ordinairement que les Facultez proviennent de toute la substance, comme si elles provenoient aussi de la matiere qu'ils pretendent neanmoins n'estre aucunement active, & comme s'il n'estoit pas constant que les Facultez perissent, lorsque perit, non toute la substance, mais seulement la partie spiritueuse ou tenue, & mobile, & active. Car bien que les esprits semblent n'estre autre chose qu'un certain organe ou instrument primitif que la Faculté residante dans une partie transmet à une autre, neanmoins ils ne sont pas d'une autre nature que la Faculté mesme, comme l'eau dans les ruisseaux n'est pas d'une autre nature que celle qui est dans la fontaine; & une Faculté qui reside principalement dans une partie, n'a point d'autre prerogative que d'estre l'origine ou la source d'où il se fasse comme une espece de diffusion & écoulement de petis ruisseaux, ou si vous aimez mieux, de rayons. La faculté est donc quelque chose de substantiel, à sçavoir une portion des principes, qui selon leur mobilité, leur grandeur, & leur figure, & selon la contexture particuliere des corps, sont le principe d'une certaine action.

L'on pourroit icy douter si toute faculté qui est dans les choses y est engendrée dés le temps mesme de la generation. Mais quoyque l'on ne puisse pas nier qu'il n'y ait quelques facultez qui puissent estre dites étrangeres, telle qu'est la vertu d'échaufer, ou de bruler dans un fer rouge; neanmoins les facultez qu'on attribue proprement à une chose doivent estre nées avec elle; autrement elles n'appartiendroient pas tant à la chose qu'au corps étranger qui auroit esté introduit. Car la vertu d'echaufer qui est dite estre dans le fer, n'appartient proprement pas au fer, mais au feu qui est entré dans ses pores; d'où vient aussi qu'à mesure que les petis corps de feu en sortent, la faculté d'echaufer manque dans le fer.

Il faut neanmoins remarquer que dans les choses qui ne sont pas parfaites dés le commencement, mais qui se perfectionnent par la suite des temps, telles que sont les Plantes, & les Animaux, il y a de certaines facultez qui peuvent estre censées nées avec, en ce que dés le commencement il y a quelques semences de ces facultez qui croissent & se perfectionnent avec tout le corps, & qui se reparent à proportion si elles souffrent quelque perte. Car comme tout le corps se perfectionne, & croist par l'application des corpuscules qui s'amassent par la nourriture ; de mesme les corpuscules particuliers qui sont les semences d'une faculté particuliere, s'augmentent, & se fortifient par la jonction d'autres semblables, & la faculté se fait peu à peu plus grande, & devient enfin parfaite ; ensorte que bien que quelques petites particules s'échapent, & que quelques-unes se joignent, elle est neanmoins estimée la mesme, acause que cela se fait toûjours d'une mesme teneur.

L'on pourroit aussi estre en peine d'où vient que dans certaines choses il se trouve tant de facultez differentes ? Mais cela vient de la diversité des figures des corpuscules dont le tout est formé, & de la diversité des contextures particulieres qui regardent diverses parties, & de la diversité des facultez etrangeres qui se trouvent meslées. Car dans une pomme, par exemple, il est constant que les petis corps dans lesquels consiste la faculté de mouvoir l'odorat sont autres que ceux qui sont capables de mouvoir le goust (puisqu'on les peut mesme tirer par l'art) & dans l'Animal il est constant que la contexture qui appartient à un sens est differente de celle qui appartient à un autre sens; & enfin il est certain que si nous voulons rapporter les facultez de l'odeur, ou de la saveur qui sont dans une pomme aux facultez de sentir qui sont dans l'animal, nous verrons qu'elles sont ou deviennent differentes ; puisque les mesmes petis corps qui meuvent l'odorat feront une odeur suave & agreable au regard de l'un, & desagreable au regard d'un autre; & il en est le mesme des petis corps qui meuvent le goust.

Or la faculté d'odeur qui est dans la pomme (& il en est le mesme de la faculté de saveur) doit-elle acause de cela estre dite une, ou plusieurs facultez ? Il semble qu'absolument elle est une, & plusieurs respectivement, & ainsi l'on peut dire d'une pomme generalement, & simplement qu'elle est odoriferante, & savoureuse, ou qu'elle contient des corpuscules capables de mouvoir l'odorat, & le goust ; mais respectivement, par comparaison on dira qu'elle est de bonne, ou de mauvaise odeur, douce, ou amere.

Pour dire aussi quelque chose de l'Habitude il est constant que ce n'est autre chose qu'une facilité d'agir, ou de reïterer une action qui a déja esté quelquefois, ou plusieurs fois reïterée. Or cette facilité se tient veritablement en quelque façon de la part de la faculté mesme, ou des esprits, entant qu'ils s'accoûtument à se mouvoir d'une certaine maniere, mais il semble neanmoins qu'elle doit principalement estre acquise dans l'organe mesme. Car il faut concevoir que l'organe, comme il est quelque chose de plus composé, & de plus grossier, il est aussi quelque chose de plus roide, & qui n'est pas flexible à tous les divers mouvemens dont la faculté est

DES QUALITEZ. 61

capable. C'est pourquoy, de mesme que si nous voulons rendre une verge qui est trop roide pliable en toute maniere, il la faut flechir doucement, patiemment, & souvent en toutes façons, afin que sa teneur qui est selon la longueur soit flechie tantost icy, & tantost là & enfin par tout, insensiblement, & sans rupture ; de mesme aussi, si nous souhaitons de nous rendre la main prompte, & habile à tous les mouvemens qui sont necessaires pour bien toucher un Lut, il faut peu à peu rompre la rigidité des nerfs qui empesche, & celle des muscles, des articles, des doigts, de la peau mesme, & enfin de toutes les autres parties.

L'on doit dire la mesme chose de l'organe de la voix, non seulement pour les tons de Musique, mais aussi pour les sons de quelque Idiome que ce soit ; & il y a apparence que lorsque les Enfans begaïent si long-temps, & qu'ils taschent diversement, & essayent par plusieurs fois de prononcer quelque voix, ils ne font autre chose que rompre la rigidité de la langue & des autres organes, & la rendre flexible ; & que quand ils ont perfectionné cette flexilité, c'est pour lors enfin qu'ils prononcent bien, & distinctement.

Il en est le mesme des autres choses, du cerveau mesme & des parties qui servent à l'Imagination pour imaginer, & par l'entremise de l'Imagination à l'Entendement pour raisonner. Car bien que l'Entendement separé, estant comme il est sans matiere, & n'ayant pas besoin d'organes, opere tres facilement, & n'ait aucune difficulté à surmonter pour entendre ou concevoir; neanmoins tant qu'il est attaché au corps, & aux organes, il sent une certaine pesanteur, & une certaine lenteur, & difficulté dans l'exercice de ses fonctions, laquelle dependant des organes qui ne sont pas assez souples, & obeïssants, doit estre surmôtée autant qu'il est possible par l'accoûtumance, & par l'exercice frequent. Or l'on peut veritablement dire que de cette accoûtumance il s'engendre une habitude dans l'Esprit, entant que l'Esprit en agit plus facilement; neanmoins c'est principalement dans l'organe que l'habitude s'acquiert, comme nous le montre assez son ac-

DES QUALITEZ. 63

croissement, & son decroissement; rien n'estant capable de croistre, & de decroistre que ce qui a des parties, tel que n'est point l'Entendement, mais l'organe.

Mais pourquoy, direz-vous, l'habitude diminuë-t'elle par la des-acoutumance, & perit mesme quelquefois tout à fait ? La nutrition semble en estre la cause. Car comme la chaleur naturelle devore, & consume continuellement quelque chose de toutes les parties, & par consequent des organes dans lesquels nous venons de chercher les habitudes, & que d'ailleurs par le moyen de la nutrition il est continuellement substitué de nouvelles parties en la place de celles qui se dissipent; il arrive de là que la contexture de toutes les parties, & des organes par consequent, est continuellement changée, & qu'encore qu'elle retienne toujours quelque chose de la flexilité premiere, elle en perd neanmoins aussi quelque chose qui se change en rigidité; ensorte que s'il ne se fait pas de nouveaux flechissemens, & qu'on ne reitere, & ne rafraichisse pas les plis, pour ainsi dire, sa flexilité se diminuë souvent peu à peu, & perit enfin tout à fait.

Et cecy mesme apparemment est la cause de l'oubly ; lorsque le cerveau qui est le tresor des especes, ou des images par le moyen desquelles nous imaginons, & nous-nous ressouvenons, se change tellement par la nourriture qu'il prend continuellement de nouveau, que si les especes qui sont imprimées dans sa substance, & qui y sont formées comme avec un cachet, ne sont pas souvent renouvellées & rafraichies, elles s'effacent continuellement, & s'évanoüissent enfin entierement.

Au reste, vous remarquerez I. que non seulement les hommes sont capables d'habitudes, mais encore les autres Animaux, & principalement ceux qui s'aprivoisent, & qui sont dociles, comme les Chevaux, les Chiens, les Perroquets, & ces autres Oyseaux qui apprennent à parler. II. Qu'il y a quelques facultez qui sont incapables d'habitudes, comme sont principalement celles qu'on appelle naturelles ; quoy qu'il y en ait neanmoins aussi quelques-unes qui en changeant peu à peu de temperament, contractent une espece d'habitude qui combat la premiere inclination, telle qu'est la Nutritive qui s'accoutume mesme au venin. III. Qu'il y a quelques Plantes qui semblent aussi pouvoir contracter habitude, du moins par quelque sorte d'analogie & de rapport, comme l'on peut voir tant par les plis & courbures qu'on leur fait prendre estant jeunes, & qu'on a tant de peine à leur oster, que parce qu'elles s'accoutument tellement à regarder le Midy, l'Orient, & les autres costez du Monde, que si en les transplantant on les tourne vers un autre costé, elles ne profitent point ; & ce pour une raison que nous dirons ailleurs.

CHAPITRE VI.

De la Pesanteur, & de la Legereté.

QVoy qu'on definisse ordinairement la chose pesante celle qui tend en bas, & la legere celle qui tend en haut ; neanmoins tous les Philosophes ne sont pas d'accord de la façon dont cela se doit interpreter; car s'il est vray que l'Espace soit infiniment etendu de toutes parts, comme nous avons dit, il n'y a point de milieu, ou de centre, ni d'extremité dans l'Univers, & par consequent il n'y a point de lieux soit en haut, soit en bas, vers lesquels les choses qui sont dites legeres, & celles qui sont dites pesantes tendent comme vers le haut, & vers le bas. D'où vient que Platon traitant de l'Opinion de ceux qui vouloient qu'il y eust un lieu qui fust de soy & absolument bas, à sçavoir le centre où est la Terre, & un de soy & & absolument haut, sçavoir celuy où est le Ciel; il leur objectoit que la mesme partie du Ciel estoit dite en haut à nostre egard, & en bas à l'egard des Antipodes, & soutenoit consequemment qu'il n'y avoit ni haut, ni bas de soy & absolument, mais seulement par comparaison & par rapport. Neanmoins pour nous en tenir dans l'usage ordinaire des termes, nous prendrons pour choses pesantes celles qui d'un commun consentement sont estimées telles, c'est à dire celles qui semblent estre portées comme

DES QUALITEZ. 67

d'elles mesmes vers le bas, & pour legeres celles qu'on observe estre portées comme d'elles-mesmes vers le haut.

Nous ne nous arresterons pas icy à examiner si la Pesanteur, & la Legereté, c'est à dire cette force ou vertu par laquelle nous observons qu'une pierre, par exemple, est portée vers le bas, & le feu vers le haut, sont *innées* & internes, comme on le suppose ordinairement avec Aristote, ou si elles viennent de dehors, & sont imprimées par une cause externe; puisque nous avons montré en parlant du mouvement, que la chute ou le mouvement des choses pesantes n'est pas tant d'un principe interne que d'un externe, à sçavoir de l'attraction de la Terre, & que nous avons insinué dans le mesme endroit que l'elevement des choses legeres est aussi d'un ptincipe externe, en ce qu'il se fait par la compression des choses pesantes qui les environnent, & qui les poussent vers le haut.

Nous ne nous arresterons pas encore à vous faire voir comme Aristote suppose une chose evidemment fausse, lorsqu'il dit que de deux corps de mesme matiere, celuy qui est le plus grand, & le plus pesant, est porté plus viste en bas vers la Terre : Car nous avons déja dit que cela repugne clairement à l'experience, & nous avons donné la raison pourquoy de deux globes de plomb, celuy qui est d'une once seulement tombe aussi viste, & parvient aussi-tost à la terre que celuy qui est de cent onces. C'est assez de vous marquer icy en passant, que la plus grande, ou la moindre pesanteur ne doit pas se prendre de la chûte plus, ou moins rapide du corps, mais du plus, ou du moins de matiere qu'il contient ; veu que soit qu'il en contienne beaucoup, ou peu, il tombe toujours egalement viste, pourveu que l'air, ou l'eau, ou quelque autre chose n'y apporte quelque empeschement ; si bien que lorsque pesant deux corps dans une balance, ou les soutenant avec la main nous en sentons un plus pesant que l'autre, cela vient de ce que nous resistons à une attraction non plus rapide, mais plus multipliée, ou ce qui est le mesme, à un plus grand nombre d'attractions particulieres jointes ensemble comme autant de petites verges insensibles ; chaque parties ayant la sienne propre, ensorte qu'il est vray de dire en general que ce corps là est plus pesant dans lequel il y a plus de matiere, ou plus de parties de matiere, & celuy-là plus leger dans lequel il y en a moins.

Ce seroit icy le lieu de parler des choses qui sont soutenuës dans l'eau, ou qui vont au fond ; mais en un mot la Regle qu'en apporte Seneque, & dont Archimede a donné la demonstration est, que pesant d'un costé un corps, & d'un autre une masse d'eau qui occupe autant d'espace, ou soit de pareil volume ; si le corps est plus pesant, il ira au fond estant mis sur l'eau ; s'il est plus leger, une certaine partie nagera sur l'eau, l'autre demeurant plongée au dedans à proportion de sa plus grande, ou moindre pesanteur ; s'il n'est ni plus pesant, ni plus leger, il s'enfoncera dans l'eau jusques à ce que sa superficie soit au niveau de celle de l'eau, & si vous l'enfoncez plus bas, soit au milieu, soit au fond, soit en quelque autre endroit, il y demeurera.

Or par le nom de corps n'entendez

pas le corps seul qu'on pese, mais conjoinctement l'air qui doit estre enfoncé avec luy au dessous de la superficie de l'eau; car il arrive de là que si vous prenez un vaisseau, soit de terre, soit de metal, & qu'il soit sans air, comme lorsqu'il est plein d'eau, il ira au fond; parce qu'estant comparé avec un pareil volume d'eau il sera plus pesant qu'elle: Mais si vous le prenez avec l'air qu'il contient, il pourra pour lors nager; parce qu'estant comparé avec une masse d'eau aussi grande qu'est celle du vaisseau & de l'air conjointement, il peut estre pris pour plus leger qu'elle. C'est pourquoy il n'y a pas lieu de s'etonner si un verre renversé sur l'eau n'enfonce pas, parce que l'air enfermé est pris avec luy pour un seul corps qui soit plus leger que l'eau; au lieu que si vous l'enfoncez par le pied, & que le laissant remplir peu à peu, l'air en soit consequemment chassé, il s'enfoncera; parce que le reste, c'est à dire tout le corps du verre comparé avec l'eau, est plus pesant eu egard à l'espace occupé.

L'on peut mesme faire non seulement un petit ais d'ébene tres mince, mais encore une petite lame ou fueille de metail, laquelle estant adroitement posée sur l'eau n'enfoncera pas; parce qu'il y a toujours quelque peu d'air adherant à la superficie soit de lais, soit de la lame; & une marque de cecy est, que si l'on humecte la superficie de la lame desorte que l'air en soit chassé, elle s'enfoncera.

Je ne dis rien icy de l'eau salée, telle qu'est celle de la Mer, ni des eaux de ces lacs qui soutiennent de plus grands poids que ne fait l'eau douce & commune; parce que nous en parlerons ailleurs, & que c'est toujours la raison generale de la comparaison de la pesanteur de l'eau avec la pesanteur du corps sous une pareille masse ou capacité. D'où vient que si vous demandez en passant pourquoy un Animal qui s'est noyé va premierement au fond, & que quelque temps apres il vient, & nage sur l'eau; l'on peut dire entre autres choses que c'est acause de la dissolution du sel qui entre dans la composition du corps de l'animal; les corpuscules de sel rendant le corps de l'animal plus pesant, comme des clous de fer rendent plus pesant un petit bateau qui seroit plus leger s'il n'estoit entierement que de bois.

Pour reprendre à present ce que nous avons simplement insinué, & comme supposé touchant la legereté ; il n'y a pas lieu de croire que ce soit une qualité *innée* & naturelle aux choses qui sont dites legeres, mais que c'est la pulsion exterieure des corps qui les environnent, & qui estant plus pesants qu'elles, les chassent vers le haut, & les contraignent de leur ceder la place plus bas, les choses legeres ayant moins de resistance, comme n'estant pas si fortement attirées que les plus pesantes, ainsi que nous allons dire.

Car il faut concevoir que tous les corps terrestres, ou qui sont formez de la matiere du globe terrestre, les parties mesmes de la Terre, & de l'Eau, comme encore les metaux, les pierres, les plantes, les animaux, les liqueurs, les vapeurs, les exhalaisons, l'air en ce qu'il est formé de vapeurs & exhalaisons, le feu qui s'engendre des bois, & autres choses grasses ; il faut, dis-je, concevoir que toutes ces choses sont pesantes, en ce qu'elles sont attirées par tout le globe de la Terre,

Terre, afin qu'il se les retienne comme attachées, sans permettre qu'elles en soient tirées, & detachées.

Mais parce qu'il se trouve que les choses qui sont de mesme volume n'ont pas toutes un mesme nombre de parties, cela fait que celles dans lesquelles il y a plus de matiere sont plus fortement attirées, & sont par consequent censées plus pesantes. Et parce que d'ailleurs deux corps ne peuvent pas estre naturellement dans un mesme lieu, il arrive que si quelques-unes de ces choses qui ont moins de matiere, qui sont moins attirées, qui sont moins pesantes, se trouvent placées plus proche du globe de la Terre, les autres qui sont plus lourdes pesent sur elles, les chassent de là, & les contraignent de glisser, & de s'élever vers le haut; d'où vient que tendant ainsi de la Terre vers le Ciel, elles sont dites legeres.

Cela estant, s'il arrive qu'on verse de l'huile dans un vaisseau, elle contraindra l'air à luy ceder la place, elle se fourrera au dessous de luy, & le poussera ainsi vers le haut. Que si sur cette huile l'on verse de l'eau, l'eau en fera autant à l'huile, & la contraindra à ceder la place, & à prendre le haut. Il en sera le mesme d'une motte de terre, ou d'une pierre qu'on jettera dans ce mesme vaisseau, la pierre contraindra pareillement l'eau de ceder, & de s'élever en haut ; & le mesme arrivera à l'egard de la terre, & de la pierre si l'on y jette du vif-argent, & à l'egard du vif-argent si l'on y jette de l'or, l'or chassera en haut le vif-argent, comme le vif-argent y aura chassé la terre, & la pierre.

Or je me sers de ce progrez pour donner à entendre que l'air ne peut point estre dit leger, que par la mesme raison le vif-argent ne puisse aussi estre dit leger; parce qu'il cede comme luy à l'or qui survient, & que l'un & l'autre ne se retire de la Terre vers le Ciel, que parce qu'il cede à celuy qui survient, & qui le pousse vers le haut. Et comme il est permis de remonter par un progrez opposé, du vif-argent que l'or pousse & chasse jusques à l'air qui est poussé & chassé par l'eau ; ainsi certes, il est permis par un progrez continué de monter, & de parvenir au feu qui soit poussé & chassé par l'air:

En un mot, l'on peut dire que le feu tend vers le haut poussé & chassé par une force etrangere, comme les corps susdits, & non pas par une vertu qui luy soit propre & naturelle, & par un certain desir de cette pretenduë Sphere ignée, comme veut Aristote ; à moins que vous ne veüilliez accorder que le vif-argent, & les autres corps susdits tendent aussi vers le haut par leur propre vertu, & par une inclination particuliere qu'ils ont pour quelque sphere de vif-argent, de pierre, d'huile, &c.

Et cela est tellement vray, que c'est là la raison pourquoy la flamme ne peut estre produite qu'au dedans de l'air, & par l'eruption des corpuscules de chaleur, en ce que ces corpuscules sortant du bois, ou de quelque autre matiere combustible de la sorte, soufflent, pour ainsi dire, chassent, & repandent la matiere de tous costez, d'où vient que l'air est tellement poussé, resserré, & contraint de rentrer en luy-mesme, que ne pouvant souffrir cette compression, il fait effort de son costé, retourne vers la flamme comme une espece de Ressort, la resserre de tous costez depuis sa racine, & la contraint ainsi de s'elever & de glisser vers le haut, en poussant & en chassant l'air qui est au dessus d'elle dans la cheminée.

CHAPITRE VII.

De la Chaleur.

L'On conçoit ordinairement la Chaleur par rapport au Sens, ou entant qu'elle cause en nous ce qu'on appelle Sentiment de chaleur, c'est à dire cette passion aiguë, comme dit Platon, qui s'exprime, & se donne à connoitre dans la peau, ou dans quelque autre organe du Tact lorsque nous-nous brulons, ou que nous-nous echauffons ; mais parce que c'est un effet particulier dont elle agit sur l'Animal, il vaut mieux la considerer par un effet qui soit plus general, & de la maniere dont elle agit generalement sur tous les corps qu'elle penetre, remuë, écarte, & dissout ; puisqu'il est constant qu'elle ne produit en nous cette passion aiguë, & pa-

consequent la douleur, que parce qu'elle fait la mesme chose dans nostre corps, c'est à dire qu'elle penetre diversement entre ses parties, qu'elle les agite, les des-unit, & fait ce qu'on appelle solution de continuité.

Or l'on sçait assez que lorsque nous disons que la chaleur entre, penetre, dissout, &c. nous ne pretendons pas qu'on se doive representer quelque qualité pure & simple, mais de certains Atomes qui entant qu'ils sont doüez de telle grandeur, de telle figure, & de tel mouvement, s'insinuent, penetrent, remuent, & separent, & produisent les autres effets qu'on rapporte ordinairement à la chaleur. Ce n'est pas que la chaleur ne puisse estre consideree abstractivement, pour parler en termes de l'Ecole, & entant que c'est un certain Mode, ou une façon d'estre sans laquelle la substance n'échaufferoit pas; mais parce que ce n'est effectivement pas quelque chose d'abstrait, & de separé, ou qui soit autre que les Atomes mesmes, c'est à dire autre que les principes substantiels mesmes ausquels tout mouvement, &

par consequent toute action doit estre attribuée.

Il est vray que selon la maniere ordinaire de parler, ces Atomes ne sont pas dits avoir la chaleur, ou estre chauds, quoyque ce soit une question de nom, mais ils peuvent neanmoins estre censez, & estre dits Atomes de chaleur, ou Atomes calorifiques, entant qu'ils produisent la chaleur; je veux dire entant qu'ils ont cet effet qui est d'entrer, d'inciser, remuer, resoudre, &c. & les corps qui contiennent de ces Atomes, & qui les peuvent envoyer au dehors, doivent estre estimez chauds, entant que par cette emission ils peuvent exciter la chaleur.

Il faut neanmoins remarquer que s'ils les envoyent effectivement hors d'eux (ce qui arrive lorsque les Atomes ont esté debarassez, & mis en liberté, & en estat de sortir) ils sont alors dits chauds actuellement, ou pour se servir du terme ordinaire, formellement, comme est le feu; & s'ils les retiennent par quelque chose qui les empesche de sortir, ils sont alors dits chauds en puissance, ou comme on parle d'ordinaire, eminemment. Tels sont non seulement le vin, le poivre, & autres semblables qu'on apporte ordinairement pour exemples, mais encore le bois, la cire, la graisse, & tous les autres corps qui peuvent s'enflammer, s'échauffer, & transmettre de la chaleur au dedans des autres. Car on doit concevoir que tous ces corps contiennent des Atomes, qui tant qu'ils sont embarassez, & empeschez, ne produisent point de chaleur, & qui du moment qu'ils acquierent leur liberté, & qu'ils se trouvent degagez, commencent d'en produire.

Suivant cette doctrine il est à propos de remarquer Premierement, que ce n'est pas sans raison que nous tenons que les petits corps de chaleur doivent estre tres petis, parce qu'il n'y a point de corps quelques compactes qu'ils puissent estre, dans lesquels ils ne trouvent des pores par où ils peuvent entrer; qu'ils doivent estre spheriques, parce qu'ils se meuvent trèsfacilement, & qu'ils s'insinuent de tous costez; & qu'ils doivent estre tres rapides, parce que par la rapidité de leur mouvement ils choquent avec vehemence, ebranlent, ecartent, & dissolvent.

Je sçay bien que Platon ne veut pas qu'ils soient ronds, mais pyramidaux, avec des angles & des costez tres-aigus, pour pouvoir inciser, & diviser; mais on n'a qu'à les faire aussi petis que les angles & les costez de ces pyramides, & il n'y aura pas grand lieu de disputer.

Secondement l'on doit remarquer que tous les Atomes, ou premiers principes se meuvent avec une rapidité, & facilité incroyable, comme nous avons déja dit, & que nous ne parlons icy des principes de chaleur qu'entant qu'ils sont dans les tas, & que leur rapidité est retenue, ou temperée par divers empeschemens; d'où vient qu'encore que tous les principes soient dans une agitation continuelle & inamissible, & qu'ils fassent tous effort comme pour se debarrasser, & se mettre en pleine & entiere liberté de se mouvoir; il n'y en a pas neanmoins qui le puisse faire si facilement que les Spheriques, qui n'ont ni crochets, ni anses, ni angles qui les retiennent.

DES QUALITEZ. 81

Troisiemement, qu'on a raison de dire que la chaleur est inseparable du feu; puisque selon Aristote mesme le feu n'est qu'un excez de chaleur, & qu'ainsi ils ne different que selon le plus & le moins, & qu'en ce que la chaleur se prend generalement, & selon tous les degrez, au lieu que le feu se prend plus particulierement, & pour le dernier ou souverain degré de chaleur.

En dernier lieu, que les petits corps ou Atomes de chaleur qui sont retenus, & enfermez au dedans d'un corps, peuvent estre delivrez en deux façons, & par ce moyen produire, ou exciter de la chaleur. La premiere en faisant entrer par dehors de semblables petits corps de feu qui penetrant, & furetant par tout, & divisant jusques aux moindres parties, mettent les autres petis corps de chaleur qu'ils rencontrent en liberté, & leur donnent le moyen de se debarasser & de s'échaper.

C'est ainsi que se debarassent ceux qui sont detenus dans le bois, lors-qu'on approche une flâmme exterieure aupres de luy, & que de cette flamme il fort une foule d'autres petis corps qui entrent avec impetuosité, excitent, & poussent ceux du dedans, & les convient pour ainsi dire, & provoquent à sortir en rompant leurs petites prisons, & brisant leurs liens.

C'est encore ainsi que se debarassent ceux qui sont dans la cire, dans l'huile, & dans la graisse, lorsque la flamme de la méche envoye & transmet dans la graisse des petis corps de feu qui la penetrent, qui l'incisent, & la dilatent, ouvrant ainsi les portes à ceux qui y estoient enfermez, lesquels estans libres & degagez sortent avec impetuosité, & emportent avec eux les fuliginositez qui les tenoient embarassez.

L'autre maniere dont les petis corps de feu se peuvent debarasser, est par leur mouvement propre & intestin, ou par le mouvement de tout le corps. Ainsi lorsque nous voyons que la chaleur s'engendre d'elle-mesme dans un tas de bled, de foin, de fumier, ou lorsqu'il se fait de ces fermentations, & putrefactions, &c. nous disons que cette chaleur procede du mouvement perpetuel des esprits ignées, ou atomes de chaleur, qui par plusieurs tentatives, allées & venues tres rapides, & tres frequentes, ebranlent & incisent les petites masses dans lesquelles ils estoient serrez, & enfermez ; & ce principalement lorsque quelques-uns d'eux ayant trouvé moyen de sortir, rencontrent quelque chose qui les fait reflechir & retourner sur leurs pas, aidant ainsi de nouveau à inciser les petites masses, & mettre les autres en liberté.

Que si tout un corps est meu soit de luy-mesme, soit par quelque cause externe, nous disons que les corpuscules de feu se debarassent de ce corps, & qu'ils y excitent de la chaleur, en ce que toutes les parties estant ebranlées, & dilatées, ces petis corps se meuvent avec plus de liberté, vont & viennent deçà & delà avec impetuosité au travers de ces sortes de petites fentes qui se sont faites.

C'est ainsi que nous concevons qu'il s'excite de la chaleur au dedans d'un Animal qui se meut avec vehemence, ou au dedans des mains quand on les frotte quelque temps l'une contre l'autre ; que s'echauffe une Rouë, & l'essieu d'un Carosse, un morceau de fer, ou d'acier qu'on lime, ou un Villebrequin dont on perce une planche de bois dur, & epais; que les cordes des Machines artificielles qu'on fait mouvoir avec beaucoup de violence sont sujettes à s'enflammer; qu'un certain bois des Indes met le feu à de la poudre, quand il est long temps, & fortement tourné avec elle dans un mesme trou, & qu'une parcelle d'une pierre ou d'un fusil detachée par le choc violent de ces deux corps, devient feu en un moment: Car si dans tous ces Corps il n'y avoit point de ces petis corps de feu, il n'y a mouvement qui y pust exciter la moindre chaleur; ce qui fait qu'on ne vient jamais à bout d'echauffer l'eau par quelque mouvement ou agitation qu'on luy puisse donner.

Il est donc absolument necessaire que les corps qui se peuvent echauffer, ou enflammer par le mouvement, contiennent en eux-mesmes de ces petis corps de feu; mais parce que leur petitesse est extreme, qu'ils sont spheriques, tres mobiles, & dans une agitation perpetuelle, il faut remarquer

DES QUALITEZ.

qu'ils doivent necessairement estre retenus par quelque matiere qui soit grasse, & visqueuse, & qui soit formée de petis corps ou atomes plus rameux, & plus crochus, ensorte que ces petis corps se puissent mieux tenir, & s'acrocher les uns les autres, ou ne puissent pas aisement estre des-unis par l'agitation perpetuelle, & intestine de ces esprits ou atomes de chaleur, mais qu'il soit besoin d'une force considerable pour les des-unir, pour inciser & diviser cette graisse & tenacité, & leur ouvrir le passage; la seule graisse estant comme la matrice de la chaleur, & les seuls corps qui ont quelque chose de gras, & de visqueux estant capables de s'echauffer, de devenir feu, & de s'enflammer.

Et si nous observons quelquefois que des corps qui n'ont aucune graisse comme de l'eau, ne laissent pas d'estre chauds, nous ne devons pas dire pour cela que ce soient proprement des corps chauds, parce qu'ils n'ont en eux aucun principe de chaleur, mais qu'ils sont simplement capables d'estre echauffez, asçavoir par une chaleur estrangere: Car lorsque l'on met de l'eau sur le feu, les corpuscules de feu ou de la chaleur entrent dans ses petis pores, s'insinuent, & se meslent entre ses parties, & la penetrent enfin de tous costez à mesure qu'elle devient plus chaude; & il est facile de conjecturer que ces principes de chaleur qui sont dans l'eau luy sont etrangers, parce qu'on ne l'a pas plutost ostée de dessus le feu qu'ils s'envolent facilement, & la laissent dans le mesme estat qu'elle estoit auparavant; si ce n'est qu'elle se trouve un peu diminuée, parce que les petis corps de chaleur sortant diversement, & s'elevant en foule & avec impetuosité, chassent vers le haut, & emportent avec eux de petites parcelles d'eau, & forment en mesme temps cette vapeur ou fumée qui n'est autre chose que de l'eau reduite & eslevée en parties tres petites.

Mais la raison pourquoy entre les corps gras il y en a qui s'enflamment, & qui s'echauffent plus aisement les uns que les autres est, que les petis corps de feu qui y sont enfermez ne sont pas si fort embarrassez, & peuvent s'echapper avec plus de facilité

DES QUALITEZ. 87

Ainsi le bois sec s'enflamme plus facilement que le bois verd, parce que dans le bois verd il faut premierement dissiper en fumée cette humeur aqueuse qui s'est deja evaporée dans le sec. Ainsi l'esprit de vin est plus capable de s'enflammer, & est plus ardent plus il est epuré & rectifié ; parce qu'il y a moins de phlegme ou d'eau meslée. Ainsi la pierre s'enflamme tres difficilement ; parce qu'estant tres compacte, ce qu'il y a de gras n'en peut estre que difficilement dissipé ; je n'entens pas parler de la Pierre-ponce qui n'a du tout point de graisse, mais de celle qui se peut convertir en chaux, ou qui mesme se peut fondre comme la pierre à fusil.

Or puisque les principes de chaleur qui sont detenus dans une matiere grasse s'echapent de tous costez lorsqu'on leur a donné le moyen de sortir, & que penetrant dans les corps qu'ils rencontrent, ils detachent, divisent, incisent, & écartent leurs parties, il est certain que ce n'est pas sans raison que la Rarefaction est censée un effet de la chaleur ; les choses qui sont jointes ne se pouvant detacher,

& ecarter les unes des autres qu'elles n'occupent plus de place, dans le sens que nous avons dit cy-dessus ; aussi est-ce pour cela que l'eau qui estant foide n'occupoit que la moitié d'un chaudron, l'occupe tout entier lorsqu'elle est devenuë chaude, & qu'elle boult, & qu'estant enfin reduite en fumée, elle s'etend dans un espace cent fois, & mille fois plus grand.

Suivant ces principes, l'on peut donner raison pourquoy la Chaux sur laquelle on jette de l'eau s'echauffe & boüillonne ; car il est bien vray que l'humeur aqueuse de la pierre qu'on fait calciner dans le fourneau s'est evaporée, mais il luy demeure encore beaucoup de graisse & de viscosité, & par consequent beaucoup de petis corps de chaleur ; or ces petis corps se tirants peu à peu du dedans de la chaux, & s'évaporants continuellement en l'air, il arrive que si l'eau qu'ils rencontrent les empesche de sortir, ils retournent sur leurs pas dans les petis tas ou grumeaux, les dissolvent, les ouvrent, & donnent la liberté de sortir aux autres petis corps de chaleur qui autrement ne seroient tirez de là qu'à la longue ; si bien que joignant toutes leurs forces ensemble, ils se jettent avec impetuosité dans l'eau, l'echauffent, & la font boüillonner.

On pourroit peut-estre encore dire avec quelque raison, que l'eau par l'agitation perpetuelle & inamissible de ses parties ou premiers principes, ronge, dissout, & reçoit dans ses petis vuides quelques sels qui servent dans la chaux comme de liens pour resserrer, & retenir les petis corps de chaleur ; & que ces petis corps estant ainsi mis en liberté, ils se jettent tous en foule & tout d'un coup dans l'eau, la penetrent de tous costez, l'agitent, & l'echauffent.

L'on peut demander ce qui fait qu'en meslant doucement de l'esprit de vin avec de l'eau-forte, ou avec de l'esprit de nitre, il s'excite une chaleur tres-forte, & qui dure assez long-temps : Pourquoy de l'esprit de vitriol meslé avec de l'huile de terebentine produit le mesme effet ; & qu'arrosant de la limaille d'acier avec de l'eau froide, elle devient chaude ; ou pourquoy de l'eau-forte avec laquelle on mesle du sel amoniac, en y ajoutant un peu de souffre, boult incontinent, comme fait l'huile de vitriol meslée avec de l'eau froide, & de l'étain pur meslé avec du sublimé, & de l'eau ; & pourquoy enfin l'esprit de nitre en dissolvant du fer, excite une si grande chaleur qu'à peine la main la peut souffrir, & ainsi de plusieurs autres choses semblables qu'on decouvre tous les jours dans les operations de Chymie.

Je reponds que dans le meslange de ces diverses liqueurs ou composez il arrive quelque chose de semblable à celuy de l'eau avec la chaux ; que ces effets dependent de cette agitation perpetuelle & inamissible des premiers principes, de leur figure particuliere, de la contexture particuliere, & des meslanges particuliers de chaque liqueur ; que dans l'une ou dans l'autre de ces liqueurs, ou dans toutes les deux ensemble il y a de petis corps tres actifs qui rongent, & incisent cette graisse sulphureuse, & cette viscosité ou tenacité dans laquelle les petis corps de chaleur estoient pris, serrez, & embarrassez ; & qu'enfin ces petis corps, ou esprits ignées se trouvant en liberté, sortent avec l'impetuosité & la rapidité qui leur est naturelle, causent ce trouble & cette agitation que nous voyons, & produisent ainsi la chaleur que nous sentons.

On nous peut encore demander d'où vient que les Metaux, & principalement l'Or (d'où l'on ne peut pas dire qu'il se tire & s'exhale de ces petis corps de chaleur) brulent si fort lorsqu'ils sont fondus, ou qu'on les a beaucoup echauffez? Nous repondons qu'il semble que cela se doit faire par la mesme raison que de l'eau qui est echauffée, ou qui est boüillante nous brûle. Car pourquoy, je vous prie, l'eau qui n'a d'elle-mesme aucune vertu d'echauffer, echauffe neanmoins un peu quand on l'a laissée quelque temps sur le feu, qu'elle echauffe un peu davantage quand elle y demeure plus long-temps, & qu'elle echauffe enfin avec tant de force quand on l'y a laissée assez long-temps & qu'elle boult? Ce ne peut estre sans doute que parce que dans le commencement il a penetré dans l'eau quelques petis corps de chaleur qui n'en sont pas encore sortis, que dans la suite il y en penetre davantage, & qu'enfin il y en a penetré en tres grande quantité qui ne se sont pas encore envolez & qui se sont repandus entre toutes les parties, en sorte qu'on ne sçauroit y mettre la main qu'elle ne soit atteinte & piquée tout d'un coup d'une infinité de ces petis corps de feu : Et de mesme, pourquoy est-ce que de l'huile boüillante brûle bien plus fort que de l'eau, si ce n'est que ne se dilatant pas tant a cause de la graisse qui retient les parties plus serrées & plus liées, elle ne permet pas aux petis corps de chaleur de sortir si facilement, desorte que ces petis corps y demeurent en plus grande abondance, s'y remuënt par des reprises plus frequentes, & y demeurent plus long temps que dans l'eau ?

La raison donc pourquoy du metail fondu, & l'Or principalement brûle avec plus de violence, & y conserve sa chaleur plus long temps est, que le metail est composé d'une graisse qui est encore plus dense & plus compacte que celle de l'huile, ce qui est cause qu'il se dilate beaucoup moins (car on ne le fait pas boüillir comme les autres corps, les petis corps de feu eſtant trop foibles pour ſoulever ſa maſſe) & qu'il ne laiſſe echaper que beaucoup moins de corps de chaleur, enſorte qu'il en retient en tres grande quantité, tres ſerrez, & tres proches les uns des autres, & qui ſe meuvent avec une telle rapidité, & par des mouvemens ſi frequens qu'ils fondent le metail, & le tiennent long-temps fondu; la main par conſequent ne pouvant point eſtre enfoncée dedans que la peau ne ſoit incontinent toute percée, ne ſoit miſe en petites pieces, & ne demeure meſme dedans à cauſe de la compreſſion, & de la reſiſtance des parties du metail.

Si l'on nous demandoit en paſſant, pourquoy le fer rouge n'eſtant pas feu brule des etoupes, & peut produire du feu? Nous pourrions repondre que ce n'eſt pas le fer, ou la ſubſtance du fer qui brule, & produit du feu, mais le feu qui s'eſt introduit dans la ſubſtance du fer, & qui eſt enfermé dans ſes pores.

Au reſte il eſt aiſé de juger par tout ce que nous venons de dire, que la chaleur & le feu ne different que selon le plus, & le moins, ou qu'entant que le feu est un excez de chaleur, & une chaleur tellement augmentée qu'elle est capable de bruler, & d'enflammer.

Il est encore aisé de juger qu'il y a des degrez innombrables de chaleur, & de feu entre la moindre petite chaleur, ou le feu folet, & celle d'un feu le plus ardent qu'on puisse concevoir, & qu'ainsi cette distinction de huit degrez de chaleur que font ordinairement les Physiciens, ou de quatre que font les Medecins, est purement arbitraire ; de façon qu'on peut seulement dire en general que la chaleur & le feu sont d'autant plus grands dans un corps, qu'il y a plus de petis corps de chaleur serrez & pressez les uns auprés des autres.

L'on doit neanmoins remarquer que quelque violent qu'il puisse estre, il faut quelque espace de temps pour qu'il produise son effet ; parce que les petis corps qui sortent du feu se reflechissent aisement à la rencontre du corps qu'on veut echauffer s'ils n'en sont empeschez par d'autres qui sui-

DES QUALITEZ. 95

vent, qui les pouffent, & qui les faffent entrer dedans; de là vient que quand on ne fait que paffer legerement la main au travers de la flamme, elle ne fent pas la chaleur, au lieu qu'elle fe brule quand on l'y retient quelque temps; parce que les petis corps de feu qui entrent les premiers, ne peuvent fe reflechir, mais font contraints de penetrer plus avant par ceux qui les fuivent, & qui les pouffent, ceux-cy eftant de mefme pouffez par d'autres, & ainfi de fuite tant que la flamme entoure la main; & il en eft le mefme à l'egard du metal, & des autres corps.

Pour ce qui eft de ce qu'Ariftote avance, *Que le propre de la chaleur eft d'affembler les chofes qui font homogenes, ou de mefme nature, & de diffiper les heterogenes, ou de diverfe nature*, l'on peut, ce me femble, dire en deux mots, qu'il n'a pas pris garde à l'effet de la chaleur qui eft de diffiper, ecarter, & feparer generalement toutes chofes foit homogenes, foit heterogenes; mais qu'il a feulement confideré la maniere particuliere dont elle agit fur une maffe compacte, comme pourroit estre de la glace où il y a de petites pailles, de petites pierres, & autres semblables choses de diverse nature confusement meslées, ou comme seroit du metail impur, plein d'excremens divers, & de quelques autres petis corps de differente nature; car il est vray qu'alors la chaleur dissolvant la masse, les choses heterogenes se separent, & se distinguent les unes des autres, chacune allant occuper sa place, ou en haut, ou en bas, ou au milieu, selon leur contexture, & leur pesanteur particuliere, ensorte que les choses qui sont de mesme nature s'assemblent dans un mesme lieu; mais lorsque quelqu'une de ces choses a une fois esté separée, & qu'elle a pris sa place à part, il ne faut pas s'imaginer que l'action de la chaleur cesse pour cela, elle continuë d'agir sur cette mesme chose, la dissout, & la dissipe; & l'Or mesme se diminuë toujours peu à peu, & s'evanoüit enfin tout à fait: L'on peut donc, ce semble, dire en general, que la chaleur est une qualité dissipative, puisqu'elle separe, & dissout, ou dissipe generalement toutes choses.

Ce seroit, ce semble, icy le lieu d'expliquer comment un amas de petis corps de chaleur retenus dans une matiere grasse, constituë cette partie de substance, Espece, ou Forme qu'on appelle ordinairement esprit; comment les esprits sont diversifiez, excitez, empeschez; comment ils sortent avec impetuosité, se dissipent, & se separent; & enfin par quel moyen se font ces diverses especes d'alteration qu'on appelle Coction, Digestion, Putrefaction, &c. Mais tout cecy doit estre traité ailleurs plus au long.

CHAPITRE VIII.

De la Froideur.

LA Froideur se conçoit aussi par rapport au Sens, c'est à dire par rapport à cette passion particuliere qu'elle imprime au sens lorsque le froid nous saisit; mais parce qu'il y a aussi un effet plus general de la froideur d'où est causé & naist en nous le sentiment de froideur, nous devons aussi nous attacher particulierement à traiter de cet effet plus general comme nous avons fait à l'egard de la chaleur.

Comme le froid est opposé au chaud, il est constant que si le propre de la chaleur est d'ebranler, de dissiper, & d'ecarter, le propre de la froideur est d'assembler, & de resserrer; de sorte que les atomes qui sont propres pour cet effet peuvent estre appellez atomes de froideur, ou atomes frigorifiques, & les corps qui contiennent ces atomes estre censez froids ou actuellement, comme le Vent de Nord, & la Gelée, ou en puissance, comme la Ciguë, le Nitre, & autres semblables.

A l'egard de la figure de ces atomes, Philoponus pretend veritablement que Democrite les a crû Cubiques, *comme estant plus capables de r'assembler, & de resserrer.* Neanmoins Aristote assure le contraire, & trouve mesme étrange que Democrite, & Leucippe *ayant fait les atomes de chaleur Spheriques, ils n'ayent rapporté ceux de froideur qui leur sont opposez à aucune figure.*

Quoyqu'il en soit, il semble qu'on peut faire les atomes de froideur Pyramidaux, d'autant plus qu'on entend de là que de mesme que la froideur est opposée à la chaleur, ainsi les atomes de froideur sont opposez aux atomes de chaleur.

Car à l'égard de la grandeur de la masse, les atomes pyramidaux peuvent estre plus grands que les spheriques de toutes leurs pointes. A l'egard de la figure, il n'y en a aucune qui soit plus opposée à la sperique que la pyramidale, en ce qu'elle a des angles, & qu'elle s'eloigne plus qu'aucune autre de cette infinité de petis costez ou petites faces insensibles qui peuvent estre considerées dans la sphere. Et à l'egard du mouvement, il n'y a aucun corps qui ait plus d'inhabilité au mouvement que le pyramidal; car bien qu'on attribuë ordinairement cette inhabilité au cubique, il est neanmoins evident à qui voudra y prendre garde, qu'elle convient plutost au pyramidal.

Cette inhabilité ne se doit neanmoins pas considerer en plein vuide où tous les atomes sont egalement vistes, mais entant qu'ils sont embarrassez dans les composez, & que par leurs mouvemens intestins ils font effort pour se degager.

Et nous ne devons pas nous arrester à Platon lorsqu'il attribuë plutost la figure pyramidale au feu qu'à l'air, c'est à dire aux atomes calorifiques plutost qu'aux frigorifiques ; car si quelqu'un veut croire que la pyramidale soit propre à piquer, & à inciser avec sa pointe, & ses angles, ou à faire le sentiment de chaleur ; qu'il pense que les atomes de chaleur, quoyque spheriques, peuvent estre aussi petis que les pointes les plus aiguës, & que se mouvant d'un mouvement tres rapide, ils sont par consequent propres à piquer, & à inciser ; & d'ailleurs que les atomes frigorifiques estât pyramidaux, ils sont pareillement capables de percer & de penetre par leurs pointes, & leurs angles, ce qui a fait dire au Poëte que le Vent penetrant du Nord bruloit,

————Boreæ penetrabile frigus adurit.

Aussi est-ce pour cela que quand nous avons les mains gelées, & que nous les approchons du feu, nous sentons une certaine douleur plus aiguë ; parce que lorsque les atomes de chaleur entrent en abondance & continu-

DES QUALITEZ. 101

ment, & que par leur activité ils pouſ-
ſent & repouſſent diverſement les atomes de froideur qui occupoient les pores; il arrive que ces derniers ſont contraints de ſe tourner pour ſortir, &
que cependant ils picquent diverſement, percent, & dechirent l'organe
du ſens, tant par leurs pointes que par
leurs coſtez tranchants.

De là vient qu'il ne faut alors chauf-
fer ſes mains que peu à peu, & en com-
mençant par une chaleur mediocre ſi
nous voulons eviter cette douleur, le
froid eſtant ainſi chaſſé plus lentement,
& plus doucement. De là vient encore
qu'avant que d'approcher les choſes
gelées du feu, comme une pomme, la
main, ou quelque autre membre, il les
faut tenir quelque temps dans l'eau
froide, ou dans la neige, ſi nous voulons empeſcher qu'elles ne ſe corrompent, ou ne ſe pourriſſent. Car lorſque
l'humidité de l'eau, ou de la neige a
diſſout la gelée forte, dure, & ſerrée qui
eſtoit principalement dans la peau du
corps gelé, & qui en tenoit les pores
fortement, & etroitement ſerrez; les
atomes de chaleur qui ſont au dedans
de ce corps, &, qui, comme nous avons

déja dit plus haut, sont dans un mouvement, & dans une espece d'effort perpetuel, trouvant alors les passages plus libres, & à demi-débouchez, poussent aisement dehors par ces mesmes passages les atomes de froideur, lesquels rencontrant la densité de l'eau, gelent cette eau, & font cette petite glace mince, & delicate qui se tient alentour d'une pomme gelée qu'on a tenuë quelque temps dans l'eau froide.

Ajoutez à cela que les corps de froideur qui sont dãs la neige, ou dans l'eau froide, s'associent, & se prennent aisement avec ceux qui sont dans le corps gelé, & les attirent en quelque maniere, comme leur estant familiers ou de mesme espece avec eux, & y ayant entre-eux une certaine sympathie fondée sur la ressemblance, & convenance, ou conformité reciproque de leurs figures, & consequemment de leurs mouvemens, comme nous dirons ensuite plus au long.

Nous ne devons pas non plus nous arrester à l'observation de Philoponus qui veut que la figure cubique soit tres propre à pousser, & à resserrer. Car la pyramide a aussi ses faces avec lesquelles elle peut faire la mesme chose que le cube; & si le sel commun est astringent, parce qu'estant de figure hexahedrique il a des faces quarrées comme un cube, l'Alun l'est bien davantage, parce que comme il est octahedrique, il a des faces triangulaires comme la pyramide: Or il est evident que ces faces peuvent d'autant plus presser, & arrester les corps, qu'elles les touchent par un plus grand nombre de parties, & que plus elles sont embarrassées avec leurs petis angles, plus il leur est difficile de se debarrasser, & plus fortement elles demeurent adherantes & attachées; d'où vient que les petis corps qui ont de ces sortes de faces & angles sont d'eux-mesmes astringens, & que se fourrants d'ailleurs entre les parties des corps fluides, ils les rendent fixés, compactes & solides; & c'est de là que vient la Glace, le Verglas, & la Neige dont nous traiterons aprés en son lieu.

Nous devons plutost icy examiner si le feu ayant accoutumé d'estre pris pour un des quatre Elemens vulgaires, auquel on rapporte les atomes de chaleur, il n'y en a point un aussi entre les trois autres auquel on puisse rapporter les atomes de froideur;

ensorte que comme on appelle le Feu *le premier chaud*, l'on puisse aussi appeller l'Air, l'Eau, ou la Terre, *le premier froid*. Car l'on sçait que les Philosophes ont esté partagez sur cette question, & qu'il y en a qui ont accordé cette prerogative à l'Air, d'autres à l'Eau, & d'autres à la Terre. Quant à nous qui ne reconnoissons point ce feu Elementaitaire qu'on place ordinairement au dessus de l'Air jusques à la Lune, & qui tenons que les atomes de chaleur ne se doivent pas attribuer à un seul & unique corps particulier, mais à des corps particuliers qui soient capables d'exciter du feu, ou de la chaleur, ou de s'enflammer, nous tenons aussi que bien qu'il y ait trois Corps principaux, l'Air, l'Eau, & la Terre, dans lesquels le froid se fait sentir, il n'y en a neanmoins aucun d'eux qui soit de sa nature entierement froid, ou qui contienne *le premier froid*, mais que ce sont seulement de leurs parties particulieres ou des corps particuliers qui sont capables d'exciter, & de concevoir de la froideur.

Pour ce qui est premierement de la Terre, l'on sçait que dans sa superficie elle est brulante d'un costé pendant qu'elle est gelée d'un autre, selon que l'air qui fait impression sur elle est echauffé, ou refroidi, & qu'ainsi il n'y a pas lieu de luy attribuer une de ces deux qualitez plutost que l'autre : D'ailleurs les feux souterrains, les eaux chaudes, les vents de Midi, & toutes ces fumées chaudes qui s'exhalent, font assez voir que la Terre n'est pas froide dans ses entrailles, & de sa nature, mais seulement qu'elle contient en elle les semences de chaleur, & de froideur.

Peut-estre mesme qu'on pourroit ajoûter avec quelque raison que les principales semences de froideur, c'est à dire ces petis tas ou amas qui sont principalement formez de principes de froideur, se resolvent en Salpetre, & autres corps qui ont du rapport avec le salpetre ; puisque nous experimentons que le salpetre en se dissolvant gele l'eau, & refroidit generalement tout ce qu'il touche, & que quand il se convertit en exhalaison, il cause un vent froid, ou gelé ; mais cela depend de plusieurs experiences que nous ne pouvons pas toutes rapporter icy : Nous-nous contenterons de dire qu'on peut supposer qu'il y a de certains petis corps (soit de ceux dont est formé le salpetre, soit d'autres) par la dissolution desquels le corps qui les contient est dit de froid en puissance devenir froid actuellement, ou par l'introduction desquels dans l'Air, dans l'Eau, dans la Terre, dans la chair, dans le bois, dans les pierres, &c. ces corps sont dits devenir froids.

A l'egard de l'Eau, si elle estoit froide de sa nature, elle ne seroit pas si facilement susceptible de la chaleur jusques à boüillir, & de mesme si elle estoit naturellement chaude, elle ne recevroit pas si facilement ce grand froid qui gele tout.

Et il ne sert de rien de dire que l'Eau apres avoir esté echauffée reprend d'elle-mesme sa froideur naturelle; car il est vray que l'Eau quand on l'a tirée de dessus le feu, perd peu à peu sa chaleur, les petis corps de chaleur que le feu y avoit envoyé s'exhalant peu à peu, mais neanmoins elle ne deviendra jamais froide si l'air qui l'environne n'est froid, & ne la refroidit ; aussi voyons-nous que quand une

Riviere se gele, la glace commence par la superficie sur laquelle la froideur de l'air qui la touche fait impression, au lieu que si elle estoit toute froide de sa nature, elle ne devroit pas commencer à se geler plutost dans la superficie que dans le fond, ou dans le milieu.

De plus, si l'Eau comme pretend Aristote, & quelques autres, est froide au souverain degré, comment est-il possible que l'air se trouve plus froid que l'eau, & luy transmette une froideur plus grande que celle qu'elle a ? Ou comment se peut-il faire que les petis corps de Nitre dissous dans de l'eau la rendent si extraordinairement froide, jusques à la geler en plein Esté lors qu'autour d'une bouteille de verre on a mis du Nitre meslé avec de la neige ou de la glace pilée, & que les petis corps penetrant au travers du verre, ont passé jusques dans l'eau? Et pourquoy les eaux de la mer, des fleuves, & autres, ne sont-elles pas toujours gelées, ou du moins la meilleure partie du temps ? Et si le froid au souverain degré leur est propre, & entierement selon l'exigence de leur nature, peuvent-elles demeurer perpetuellement hors de leur constitution naturelle, & estre seulement dans leur estat naturel lorsqu'un air froid les refroidit ? Partant l'Eau semble veritablement estre humide, mais n'estre ni chaude, ni froide de sa nature ; estant seulement capable d'estre echaufée, ou rafraichie par l'introduction des petits corps de chaleur, ou de froideur.

Enfin à l'egard de l'Air, puisqu'il en est comme de l'Eau, que tantost il est echaufé, & tantost refroidy, & qu'il n'a pas plus de disposition au grand froid qu'au grand chaud ; ne devons-nous pas croire que cette region de l'air considerée sans meslange d'aucuns petits corps de chaleur, ou de froideur, mais seulement selon les autres corps dont elle est formée, n'est ni chaude, ni froide de sa nature ? En effet, lorsque dans le cœur de l'Esté il s'éleve un vent de Nord qui surpasse sa chaleur, qu'elle raison y a-t'il de dire que ce froid soit plutost naturel à l'air, que cette chaleur qui surpasse sa froideur en plein Hyver, & qui dissout la neige & la glace lorsqu'il s'esleve un vent de midy ? Disons donc aussi à l'egard de l'Air que de sa nature il est autant indifferent à la chaleur qu'à la froideur, & qu'il n'echaufe ni ne refroidit qu'entant qu'il reçoit des petis corps de chaleur, ou de froideur.

Mais pour dire encore quelque chose de plus, comment l'Air pourroit-il demeurer perpetuellement chaud comme il est sous la Zone torride, si selon le sentiment des Stoïciens, il estoit froid de sa nature, ou demeurer perpetuellement froid comme il est vers les Poles, s'il estoit chaud de sa nature selon l'opinion d'Aristote? On peut donc bien dire avec quelque raison que l'air est fluide, mais non pas qu'il soit chaud, ou qu'il soit froid de sa nature; & nous devons conclure que ce n'est pas precisement dans la nature de l'air, dans celle de l'eau, ou dans celle de la Terre qu'on doit chercher la qualité du froid, mais bien dans la nature de ces petis corps tels que sont ceux de Nitre, ou autres semblables que nous pouvons appeller esprits frigorifiques, entant qu'ils rendent l'Air, l'Eau, la Terre & tous les Mixtes froids lorsqu'ils se sont introduits dans leurs pores.

Vous me direz peut-eſtre qu'il n'y a donc aucun de ces trois corps qui ſoit extremement oppoſé au feu ? Je reponds Premierement que ſi le corps qui en detruit un autre ſemble luy eſtre extremement oppoſé l'on peut dire que l'Eau eſt extremement oppoſée au Feu, puiſqu'elle l'eteint plus qu'aucun autre : L'on ne peut neanmoins pas inferer de là que l'eau doive eſtre ſouverainement froide, comme le feu eſt ſouverainement chaud ; car l'eau n'eteint pas le feu entant qu'elle eſt froide, mais entant qu'elle eſt humide, qu'elle penetre dans les pores des corps enflammez, & que les ayant bouchez, les petis corps de feu ne peuvent plus ſortir, ni ſe mouvoir à l'ordinaire par les meſmes allées & venuës qu'ils faiſoient ; ce qui eſt d'autant plus probable que l'huile que perſonne ne croit froide, eſt capable d'eteindre le feu, & que s'il arrive, comme dans le feu-Grec, que les corpuſcules de feu ſe tenant enſemble a cauſe de la viſcoſité & tenacité de la matiere, ſortent avec grande impetuoſité, & repouſſent l'eau, l'eau en cette rencontre n'eteint pas le feu.

Je reponds en second lieu, que si l'on veut absolument que quelqu'un de ces trois corps soit extremement contraire au feu, il semble que c'est plutost à l'air à qui l'on doit accorder cette prerogative que non pas à l'eau, ou à la terre; parce que l'air estant tres rare, il reçoit plus facilement les petis corps de froideur qui le rendent extremement froid, & qu'estant tres subtil, il penetre tres facilement dans les pores des corps, emportant avec soy de ces petis corps de froideur qui les refroidissent, & les glacent s'ils en sont capables.

Pour dire icy quelque chose en passant sur cette demande ordinaire, d'où vient que le soufle qui sort à pleine bouche echauffe la main, & que celuy qui sort en pressant les levres la refroidit. Sans m'arrester à examiner les diverses opinions des Philosophes, il me semble que la raison est, que dans le soufle qui s'exhale, quoyqu'il y ait quantité de petis corps de chaleur, il ne laisse pas d'y en avoir aussi un grand nombre de ceux de froideur meslez, qui pour n'estre pas si petis que ceux de chaleur, ni si ronds, ni si polis, ni par consequient si glissants, si volatiles, ni si faciles à se detacher & à s'echapper du soufle avec lequel ils sont meslez & embarassez, peuvent estre poussez & dirigez plus loin, & avec plus de violence; au lieu que ceux de chaleur s'échappent & s'envolent incontinent de tous costez si tost qu'ils trouvent la liberté de l'air qui est rare, & ne peuvent ainsi estre poussez ni dirigez si loin en droite ligne comme ceux de froideur: Car il arrive de là que si nous souflons ayant la bouche fort ouverte, parceque le circuit du soufle est grand, & que les atomes calorifiques qui sortent ne peuvent pas si tost estre epuisez, il arrive, dis-je, que la main sent de la chaleur, & d'autant plus grande qu'elle est plus proche, les petis corps de chaleur estant d'autant moins dissipez: Mais si nous souflons en serrant la bouche, il arrive que le circuit du soufle estant tres petit, & comme un petit filet, les atomes de chaleur qui sortent sont incontinent epuisez, & qu'il ne demeure que ceux de froideur, ce qui fait que la main sent du froid. Et une marque de cecy est que plus la main est eloignée, plus elle sent le soufle froid, plus elle est proche moins elle le sent froid, en-sorte que tout proche de la bouche, bien loin de le sentir froid, elle le sent chaud.

Cecy se pourra mieux comprendre, si pendant l'Hyver vous laissez couler de l'eau chaude d'une haute fenestre en bas, car vous verrez que la fumée qui en sortira, & qui s'exhalera continuellement depuis le haut jusques en bas s'évanoüira bien plutost si vous la faites sortir par un canal fort etroit, & comme un filet, que si le canal estant fort large elle sort comme à pleine bouche. Aussi est-ce pour cette raison qu'on a coutume de remuer, tourner, & retourner diversement, & verser d'une ecuelle dans une autre de l'eau, du boüillon, & les autres choses que nous voulons refroidir, afin que diminuant la profondeur de la masse à mesure que sa superficie s'etend, ces petis corps de chaleur puissent plus librement, & plus facilement sortir. Pour ne dire point que cependant les corps frigorifiques de l'air entrent en leur place.

C'est encore par la mesme raison que

pendant l'Esté nous avons coutume de nous rafraichir le visage avec un Evantail ; car lorsque les corpuscules de chaleur qui se trouvent dans l'air sont ecartez & chassez, çà & là par le mouvement, & qu'ils n'ont pas la permission d'entrer dans la peau, ou d'y demeurer adherants, ceux de froideur comme plus lents, & moins mobiles, y demeurent adherants, & font plus d'impression.

Pour ajouter encore ce mot sur ce qui a esté insinué plus haut, asçavoir que les atomes de froideur fixent ou arrestent avec leurs petites facettes, empeschent, pressent, resserrent, rassemblent, &c. l'on peut observer En Premier lieu que c'est de là que se fait la glace, le verglas, la neige, & ainsi de plusieurs autres semblables effects qui seront traittez ailleurs, & qui semblent avoir donné occasion à Aristote de definir le Froid, *Ce qui assemble les choses homogenes & les heterogenes* ; en ce que s'il y a des bois, des pierres, des pailles, &c. non seulement l'eau qui est homogene est resserrée, mais encore toutes ces choses heterogenes sont resserrées ou rassemblées avec elle.

DES QUALITEZ. 115

En second lieu, que c'est de là que se fait le tremblement, & le frisson dans les membres des animaux, lorsque les atomes spheriques de chaleur qui y restent ne se meuvent pas de droit fil par leurs conduits comme ils faisoient, mais qu'à raison des atomes de froid qui se sont insinuez dans ces petis canaux, ils hurtent de facettes en facettes, & rejaillissent inegalement, ce qui fait necessairemét hausser, & abbaisser ou trembler les membres.

En troisiéme lieu, que c'est de là mesme que vient la Mort, & qu'on dit ordinairement que le froid est l'ennemy de la nature des choses vivantes; en ce que lorsque les atomes de froid s'insinuent en abondance au dedans du corps, & qu'ils ne peuvent en estre chassez par les atomes de chaleur qui y sont, ils pressent ces atomes de chaleur, & les repoussent tellement en dedans que les passages estant bouchez & empeschez, ils cessent de se mouvoir comme ils faisoient, & cessent ainsi enfin d'echauffer, & de vivifier.

Or il est evident que les atomes de chaleur peuvent ainsi estre repoussez en dedans par ceux de froideur ; car si en Hyver lorsque tout se gele, on expose à l'air une bouteille de quelque vin fort & violent, & qu'après que le vin est glacé, on rompe la bouteille, l'on trouvera dans le milieu l'esprit de vin qui ne sera point glacé, & qui sera d'autant plus fort, & plus inflammable que la glace se faisant plus epaisse, l'aura plus resserré.

Ce qui confirme cecy est, que les mains des Ouvriers apres qu'elles ont quelque temps souffert un fort grand froid, se rechauffent tellement ensuite, que pourveu que le travail ne cesse pas, elles ne sentent plus de froid ; les atomes de chaleur qui avoient esté poussez & ramassez en dedans retournant avec impetuosité pour chasser ceux de froideur ; & ne permettant pas qu'ils rentrent aussi facilement, si principalement le mouvement & le travail continuent.

De tout cecy il est visible que la Froideur est quelque chose de positif, comme est la Chaleur, & non pas une pure privation de chaleur qui n'est capable d'aucune action ; car si l'on est persuadé que la chaleur qui est dans le

DES QUALITEZ. 117
charbon n'est pas une pure privation de froideur, mais qu'elle est une veritable, positive, & active qualité, acause que si vous entourez une bouteille de charbons, il arrivera un si grand changement dans l'eau qu'elle deviendra chaude, & qu'enfin elle boüillira, comment se pourra-t'on persuader que le froid qui est dans la neige, ou dans la glace qu'on aura pilée, & qu'on aura mesme meslée avec du sel commun, & du salpetre, soit une privation de chaleur, & non pas plutost une veritable, positive, & active qualité; veu que si vous entourez de mesme une bouteille de neige, ou de glace, l'eau y sera pareillement tellement changée & alterée, qu'elle se trouvera changée, asçavoir refroidie, & glacée, fut-ce en plein Esté?

Il est vray qu'on voit plusieurs choses devenir froides par la seule absence de la chaleur; mais si le froid n'y penetre de dehors, l'on doit dire seulement qu'elles sont refroidies, en ce qu'elles ont perdu leur chaleur, & non pas qu'elles soient devenuës proprement froides; de mesme qu'une pierre qui ne seroit ni froide, ni chaude, & qu'on auroit jettée dans le feu, perdroit en la retirant du feu la chaleur qu'elle y auroit acquise, & retourneroit à son estat naturel.

Au reste, il est à propos de vous faire remarquer deux choses sur tout ce Traité. La premiere, que non seulement le Nitre meslé avec de la neige, ou de la glace pilée, glace l'eau, & plusieurs autres liqueurs ; mais que le sel commun, l'alun, le vitriol, le sel ammoniac, le sucre, l'huile de vitriol, le vinaigre, & presque tous les sels acides font le mesme, ce qui peut donner sujet de soupçonner que les esprits frigorifiques que ces corps envoyent hors d'eux pour glacer une liqueur, ne sont peut-estre pas tous precisement pyramidaux comme ceux du Nitre, mais qu'il suffit peut-estre qu'ils approchent de cette figure, ainsi que nous l'avons insinué en parlant en general de la figure de ces petis corps.

La seconde, que quand les petis corps de froideur entrent de tous cotez dans de l'eau qu'ils environnent, ils peuvent bien d'abord un peu resserrer ou condenser cette eau ; mais que ces mesmes petis corps continuant à penetrer en abondance, & à se pousser les uns les autres, & se faire entrer de force entre les parties de l'eau, ils les font écarter les unes des autres comme feroient de petis coins de fer, durs, & solides, & causent ainsi dans l'eau une espece de rarefaction qui est capable de faire crever non seulement une Cruche de terre pleine d'eau, quand on l'expose à l'air en plein Hyver, & qu'elle est large du ventre, etroite du goulet, & bien bouchée, mais aussi des vaisseaux de cuivre, ou de fonte suivant les dernieres experiences qu'on en a faites.

CHAPITRE IX.

De la Fluidité, Fermeté, Humidité, Secheresse.

IL est facile de voir que la Fluidité, & la Fermeté sont plus generales que l'Humidité & la Secheresse, & que l'humidité est une espece de fluidité, comme la secheresse est une espece de fermeté; ensorte que l'on peut bien dire que tout ce qui est humide est Fluide ou Liquide, & que tout ce qui est Sec est Ferme, mais non pas que tout ce qui est Fluide soit Humide, & que tout ce qui est Ferme soit Sec.

C'est pourquoy lors qu'Aristote definit l'Humide, *Ce qui prenant aisément toute sorte de figure n'en a point de propre*, nous disons que c'est une definition de la chose fluide, ou liquide en general, telle que non seulement est l'eau, l'huile, & toute liqueur ou humeur, mais encore le metail, ou autres choses fonduës, & mesme l'air, la flamme, la fumée, la vapeur, la poussiere, & enfin tout ce qui est tel de sa nature, qu'estant receu dans un vaisseau, il s'y accommode de maniere qu'il en prend la figure.

Nous disons de mesme que lorsqu'il definit le Sec ou aride, *Ce qui ayant une figure propre en prend difficilement une autre*, c'est une definition de la chose ferme & solide en general, telle que non seulement est la terre, la pierre, le bois, l'os, mais encore la glace, le metail qui n'est pas fondu, la cire, la graisse, & tous ces sucs qui se prenent, & s'epaississent, & enfin tout ce qui est d'une telle consistance, & dont les parties

parties sont tellement adherantes qu'il ne s'epanche pas, & ne s'accommode pas aisement à la figure etrangere du vaisseau dans lequel on le met.

Et certes, si Humide estoit aussi etendu & aussi general que Fluide, l'air pourroit estre dit humide, quoyqu'il n'humecte aucune chose, & qu'au contraire les choses humides se sechent dans l'air. Et de mesme, si Sec ou aride estoit aussi etendu & general que Ferme, l'on pourroit dire que la glace, la cire, & les autres choses que nous venons de rapporter, seroient seches, quoyque la glace contienne beaucoup d'humeur, ou plutost ne soit autre chose que de l'humeur. Cela estant, nous definirons l'Humide en particulier, *Ce qui estant imbu, & répandu dans les choses, les rend humides, ou mouëtes*; le Sec, *Ce qui ne rend point les choses humides.*

Or la Fluidité ou liquidité, & la Fermeté estant deux Genres dont l'Humidité, & la Secheresse sont des Especes, il est à propos de les expliquer les premieres, autrement l'on feroit des equivoques perpetuelles, & à chaque moment l'on prendroit les unes pour les autres confondant le fluide ou liquide avec l'humide, & le ferme ou solide avec le sec.

Nous dirons donc que la Fluidité ou liquidité ne provient, ce semble, d'ailleurs que de ce que les atomes ou les petites parties dont le corps fluide est formé, ont de petis espaces interceptez, & de ce que ces parties sont detachées de telle sorte les unes des autres, que les unes & les autres sont mobiles alentour des petites superficies par où elles se touchent.

Nous concevons premierement cecy dans un tas de grains de froment, dont chaque grain acause des petis espaces interceptez, peut se tourner ou rouler alentour de ceux qui luy sont contigus; d'où vient que de quelque costé que vous veüilliez remuer le tas, ou en quelque vaisseau que vous les veüilliez mettre, les grains y roulent, s'y repandent, & s'accommodent à la superficie interieure du vaisseau.

Nous devons concevoir la mesme chose dans du Sable, dans quelque poussiere que ce soit, & par consequent dans l'eau ; veu qu'il n'y a que cette seule difference, afcavoir que les grains ou petis corps dont l'amas, ou fi vous voulez la maſſe de l'eau eſt formée, font incomparablement plus petis que les plus petis grains de la plus ſubtile pouſſiere qui ſe puiſſe faire par aucun artifice imaginable, & que les eſpaces interceptez font auſſi incomparablement plus petis ; auſſi ce font ces meſmes petis corps dont ſe fait la fumée, & la vapeur, & dont la petiteſſe eſt telle qu'il en faut un nombre innombrable pour former une petite goutte qui nous ſoit ſenſible.

Car la fumée qui eſt eau en general, n'eſt viſible que parceque chaque grain eſt compoſé de pluſieurs grains plus petis ; ce qui eſt d'autant plus evident, que plus on la prend epaiſſe, plus aiſement elle eſt transformée en eau. Or il eſt facile de reconnoitre que l'eau qui eſt ſur le Feu dans un chaudron n'eſt differente de la fumée qui s'en exhale, qu'en ce que l'eau eſt un corps plus denſe, & que la fumée eſt ce meſme corps, mais qui eſt plus rare ; l'eau n'ayant point d'air intercepté entre ſes parties, & la fumée en ayant beaucoup ; de sorte qu'on peut dire que l'eau n'est autre chose que de la fumée condensée, & la fumée autre chose que de l'eau rarefiée.

Or une marque que la fluidité qui est dans l'eau vient à proportion de la mesme cause que celle qui est dans le tas de froment est, qu'elle peut de mesme de quelle maniere on veut estre divisée, se repandre, couler, & s'accommoder à la figure du vaisseau qui la reçoit ; comme n'y ayant ni continuité, ni adherence de parties qui empesche leur dissociation, roulement, separation.

Il est vray que l'Eau paroit quelque chose de continu, ce que ne fait pas le tas de froment ; mais cela ne vient que de ce que plus les grains d'un corps sont petis, plus les espaces interceptez sont insensibles, & moins il paroit interrompu, ou ce qui est le mesme, plus continu. Ce qui sera aisé à comprendre, si l'on veut considerer cette double fluidité qui est dans du metail; car si vous le calcinez, ou que par le moyen de l'eau-forte vous le reduisiez en parties impalpables, il coulera veritablement, mais non pas

DES QUALITEZ. 125

autrement que du sable ; d'où vient que vous en pourrez faire des Horloges de sable : Mais parce que ces petis grains impalpables sont encore tres composez, n'estant pas resous jusques aux premiers principes dont le metail est formé, il arrive que si outre cela vous le fondez, ensorte que les petis corps de feu penetrent & dissolvent ces petis grains (ce que n'auroient jamais peu faire les petis corps d'eau-forte, ou les petites dents d'une lime tres fine) il arrive dis-je alors, que le metail coule de la mesme façon que l'eau ; ce qui apparemment ne se fait de la sorte que parce que ces petis grains se resolvent en d'autres qui sont incomparablement plus petis, & qui laissent par consequent des espaces interceptez plus petis à proportion, & rendent le metail incomparablement plus continu à la veuë.

Et il n'y a certes pas sujet de douter que la Fluidité de l'air, de la flamme, & de toutes les liqueurs ne parte de la mesme cause ; puisque dans tous ces corps, aussi bien que dans l'eau, & dans les autres, l'on peut concevoir de petis grains particuliers, ou de pe-

F 3

tites particules qui ne sont que contiguës, qui sont dissociables, aisées à déplacer, separables, capables de s'accommoder à la figure des vaisseaux, & qui representent une espece de continuité. Voicy de quelle maniere Lucrece parle des parties dont les corps fluides sont formez.

Illa autem debent ex lævibus atque rotundis
Esse magis, fluido quæ corpore liquida constant.

Nec retinentur enim inter se glomeramina quæque,
Et procursus item in proclive volubilis exstat.

Pour ce qui est de la Fermeté, elle ne vient, ce semble, d'autre part que de ce que les atomes ou corpuscules dont le corps ferme est composé se touchent, & se pressent de telle maniere qu'il n'y en a point qui puissent en aucune façon, ou au moins sans beaucoup de peine, se deprendre, & se tourner entre eux alentour de leurs petites superficies par lesquelles ils se touchent, n'y ayant pas d'ailleurs entre eux de petis espaces propres & convenables pour cela. Car nous devons imaginer que la fluidité & la fermeté doivent avoir des loix opposées, nous souvenants neanmoins toujours cependant, que la solidité des atomes est le fondement de toute la solidité ou fermeté qui se remarque, & qui est dans les corps composez.

Pour ce qui est de cette compression, inseparabilité, indissociabilité, & immobilité des parties du corps ferme, elle depend principalement de trois causes. La premiere & la principale sont les petites anses, & les crochets par le moyen desquels les parties ou les petis corps se peuvent accrocher, & se prendre, se tenir, & s'embarrasser les uns les autres en telle maniere que ne laissant que le moins qu'il se peut de petis espaces vuides, ils s'ostent l'un à l'autre la liberté de se tourner, & de se deprendre.

La seconde est l'introduction, & le mouvement des atomes etrangers qui empeschent & retiennent les parties qui sont d'ailleurs mobiles, & les pressent entre elles, & avec les autres qui sont introduites, & ce principalement en leur opposant leurs petites facettes planes, par le moyen desquelles il se fasse une mutuelle compression

Ainsi les atomes frigorifiques introduits dans l'eau, lorsqu'ils avancent vers les parties du milieu, poussent, pressent, empeschent, & retiennent ceux qu'ils rencontrent, & ne les laissent pas dans la mesme liberté de se mouvoir qu'ils estoient, si principalement vous donnez des facettes planes aux uns & aux autres ; comme si faisant les atomes de froid Tetrahedriques, ou à quatre facettes, vous faites ceux d'eau Octahedriques, ou de huit facettes ; car ainsi ceux-là arresteront ceux cy, & ne leur permettront pas de se remuer, ni de se tourner, les petis espaces dans lesquels ils pouvoient gauchir, & glisser estant occupez ; desorte qu'ils contraindront toute la masse de devenir roide, ferme, & inflexible, & de s'endurcir en glace.

Ainsi lorsqu'on jette de la Pressure dans du laict, les atomes de pressure se dissolvent, & se repandent de telle maniere dans toute la substance du laict, qu'opposant, & appliquant d'un costé facettes contre facettes, se prenant d'un autre, & s'accrochant par le moyen de leurs crochets avec les parties les plus grossieres, les plus crochües, & les plus rameuses dont se fait le beurre, & le fromage, & retenant cependant les parties les plus subtiles,& les plus polies qui font l'humeur sereuse ou le petit-laict jointes ensemble, toute la masse se caille, ou devient quelque chose de compacte.

La troisieme est l'exclusion des atomes étrangers qui par leur mobilité, & leur agitation empeschoient l'adherence mutuelle des parties, & en interrompoient le repos. Ainsi, lors que les atomes de feu, qui s'estant introduits dans du metal, dans de la cire, ou dans quelques autres corps semblables, en detachoient & separoient les parties, & par leur agitation les tenoient ainsi detachées & separées, les rendant par ce moyen mobiles, & fluides, lors, dis-je, que ces atomes de feu s'exhalent, & qu'ils cessent par consequent d'agiter les parties par leur mouvement, c'est à dire par leurs allées & venües tres-frequentes, & tres-rapides, ces parties tombent, s'affaissent, se racrochent, se reprennent l'une l'autre, & font un corps ferme & compacte comme auparavant.

Ainsi, lorsque les atomes d'eau qui

s'estoient insinuez dans du sel, ou dans d'autres corps de la sorte, & qui en dissolvant leurs parties en faisoient une certaine liqueur qui apparoit uniforme à la veuë, lors, dis-je, que ces atomes s'exhalent laissant les particules de sel à sec, & separées, ces particules se rassemblent derechef, & font un corps solide.

De tout cecy il est evident que l'Humidité n'est qu'une espece de Fluidité. Car l'idée de l'humeur, ou de la chose humide est, que ce soit une liqueur qui ayant penetré dans un corps compacte, y demeure adherante en petites parties, & le rende humide.

Telle est l'eau, l'huile, telle sont ces autres liqueurs qui ne peuvent toucher au corps compacte, ni s'introduire au dedans de luy, qu'elles ne laissent dans sa superficie (qui ne peut estre que tres inegale suivant ce que nous avons montré ailleurs) ou interieurement quelques-unes de leurs particules adherantes qui les humectent, ou les rendent humides.

Tel au contraire n'est point l'air, ni le metail fondu, ni le vif-argent, ni telles ne sont point toutes ces autres sortes de choses coulantes ou especes de liqueurs qui en touchant les corps n'y laissent aucunes de leurs parties adherantes soit dans la superficie, soit au dedans, mais qui sans aucune perte ou diminution de leur substance, coulent par dessus les corps sans les humecter en aucune maniere.

Il est de mesme evident que la Secheresse ou Aridité n'est autre chose qu'une espece de Fermeté, en ce que la chose seche ou aride n'est conceuë estre ferme & compacte, que parce qu'elle est privée de toute humeur ou humidité.

Telle est dans l'estime ordinaire la pierre-ponce, les pierres à aiguiser, le sable, la cendre, & enfin tout ce qui est tel qu'il ne contienne ni dans sa superficie, ni au dedans aucune humeur qui en puisse estre tirée, ou qui en estant tirée puisse humecter les corps : Et c'est dans ce sens qu'on peut conter entre les corps secs le metail, & toutes ces autres choses qui peuvent estre fonduës, mais qui ne peuvent pas se resoudre en humeur qui s'attache, ou humecte.

Telle au contraire n'est point la Plante, ni l'Animal, ni enfin tout ce dont on peut tirer quelque humeur, ou quelque liqueur humectante.

Neanmoins, parce que la Secheresse n'est pas opposée à l'Humidité comme quelque chose de positif & d'actif, mais comme une pure privation (veu qu'estre sec semble n'estre autre chose qu'estre privé d'humeur) pour cette raison, de mesme qu'une chose peut estre plus ou moins humectée, ainsi elle peut estre, & a mesme accoutumé d'estre dite plus ou moins seche. Ainsi en parlant du bois verd, ou de celuy qui pour avoir demeuré longtemps dans l'eau a beaucoup receu d'humidité, l'on dit ordinairement qu'il se seche peu à peu, que peu à peu il devient sec, & qu'il est moins sec, ou plus sec, sçavoir est en ce qu'il se deshumecte, & qu'il n'a plus tant d'humidité qu'il en avoit auparavant.

Or il faut remarquer qu'il y a principalement deux sortes d'humeurs, l'une Maigre & aqueuse, l'autre Grasse & onctueuse. La premiere se resout facilement par la force de la chaleur, & s'exhale en l'air, & n'est pas inflammable. Pour ce qui est de la seconde, quoy qu'elle soit susceptible de chaleur, elle ne se resout, ni ne s'exhale neanmoins pas aisement, & cependant elle peut s'enflammer à raison des petis corps de chaleur qu'elle contient.

Ce que les Chymistes appellent Mercure, ou esprit, peut appartenir au premier genre; parce que bien qu'il ne soit pas eau, il humecte neanmoins comme l'eau, & s'evapore encore plus facilement que l'eau, & n'est pas moins incapable de s'enflammer que l'eau.

L'Esprit de vin ou l'Eau-de-vie peut se rapporter à l'un & à l'autre genre, mais sous de differens respects ; parce que d'un costé il humecte comme l'eau, & s'exhale encore plus aisement qu'elle, & d'ailleurs il ne laisse pas de s'enflammer comme l'huile.

Quoy qu'il en soit, il est du moins constant que les choses qui sont humectées ou mouëtes d'humeur maigre, telle qu'est l'aqueuse, se sechent facilement ou peuvent facilement estre depoüillées de cette humeur, au lieu que celles qui sont humectées de l'humeur grasse ne le peuvent que difficilement. La raison de cecy est, que les atomes dont est formée l'humeur aqueuse sont plus polis, & ceux de l'humeur onctueuse plus crochus, & plus rameux; car cela fait que ceux-là n'estant retenus par aucuns crochets, s'envolent aisement, & que ceux-cy en s'accrochant & estant accrochez, ne se peuvent deprendre, & debarrasser que par quelque ebranlement, ou agitation violente, & qu'après avoir tenté mille tournements, ou evolutions.

C'est pour cette raison que le bois se resout plus facilement en cendres que la pierre; le bois ayant plus d'humeur aqueuse, & la pierre plus de l'onctueuse; & c'est pour cela mesme que de la terre, ou des vestemens qui seront humides d'eau se sechent tres aisement, & tres difficilement lorsqu'ils sont imbibez d'huile.

L'on pourroit peuteftre demander icy pourquoy de l'eau pure ne tire pas l'huile du drap, & que la lessive, & principalement celle du savon la tire. La raison est que l'eau de soy n'estant pas capable d'inciser l'huile, de penetrer dedans, & de se repandre entre ses petites parties, elle n'en peut par conséquent rien emporter avec soy lorsqu'on l'exprime ; neanmoins lorsqu'elle est meslée avec le sel tiré des cendres qui est dans la lessive, il arrive que le sel passant comme le premier, & qu'incisant avec ses angles, & penetrant dans les particules de l'huile, l'eau y penetre aussi, laquelle estant exprimée sort chargée de sel, & le sel chargé d'huile.

Et la raison pourquoy on se sert de savon est, qu'il s'est déja fait en luy un certain meslange inseparable d'eau, de sel, & d'huile, qui fait que les particules d'huile qu'il contient s'unissent & s'attachent aisement à celles qui sont dans le drap, comme leur estant familieres, & de mesme espece, & ayant avec elles du rapport & de la convenance, de maniere qu'elles sont tirées, & sortent toutes ensemble avec le sel qui en est chargé, lorsqu'on le fait sortir avec l'eau par l'expression.

Ainsi l'ancre à ecrire, & vitriolée ne se tire pas avec de l'eau pure, mais avec quelque suc acide, comme est celuy de Citron, de Verjus, & autres semblables ; parce que le vitriol estant acide, il est composé de particules qui ne peuvent estre tirées lorsqu'on les exprime que par leurs semblables. Et c'est suivant cette pensée que nous avós insinué auparavant que les choses chaudes sont attirées par les chaudes, & les froides par les froides, comme estant familieres & semblables; & que nous montrerons ailleurs que les venins sont antidotes aux venins, & qu'ils les attirent.

On pourroit icy dire un mot de la corrosion des eaux-fortes, de la dissolution des sels, & autres choses qu'on met dans l'eau, & de l'evaporation des choses humides, mais tout cela aura son lieu.

CHAPITRE X.

De la Mollesse, Dureté, Flexibilité Ductilité.

LA Mollesse, & la Dureté considerées en general, & selon toute l'etenduë de leur signification, sont la mesme chose que la Fluidité, & la Fermeté; & c'est en ce sens que quelques

DES QUALITEZ. 137

Philosophes ont mis l'eau, l'air, & la vapeur entre les choses molles ; mais on les considere aussi dans un sens plus particulier, en ce que non seulement la Dureté, mais aussi la Mollesse conviennent à des choses qui ont en quelque façon de la consistance & de la fermeté, & qui ne coulent pas, & ont par consequent leur superficie liée & continuë, ensorte qu'estant pressée du doigt, ou avec quelque autre corps, elle ne se rompt pas, mais s'enfonce, & cede seulement en dedans vers les parties interieures : Car les choses qui ont ces conditions sont dites estre molles, ou avoir de la mollesse ; & au contraire celles dont la superficie demeure ferme & roide, sans flechir ou ceder, sont appellées dures ; & c'est aussi en ce sens qu'Aristote definit le corps dur, *Celuy qui de la superficie ne cede pas en luy-mesme ou interieurement*, tel que peut estre une pierre ; le mol, *Celuy qui cede*, comme pourroit estre de la chair.

Je ne m'arresteray pas sur la raison qu'il apporte pour prouver que l'Eau n'est pas molle ; puisqu'il est evident qu'elle n'a pas toutes les conditions requises pour une chose molle, & qu'estant pressée dans la superficie elle ne rentre pas vers les parties interieures, ni ne demeure pas enfoncée comme les choses molles.

Je ne m'arresteray pas aussi sur ce qu'il dit qu'il y a divers degrez de mollesse, & de dureté selon lesquels on peut dire qu'il y a de certaines choses plus molles, & d'autres plus dures, & que celles qui sont molles au regard d'une chose sont censées dures au regard d'une autre : Remarquons seulement que suivant ses principes il ne sçauroit dire en quoy consiste absolument la Dureté, & la Mollesse, ou ce que c'est absolument qu'estre Dur, ou Mol, n'estant pas possible de le concevoir qu'en admettant la Solidité des premiers principes ou des atomes dont la superficie n'ayant aucun vuide ne puisse point ceder. Car un composé n'est plus dur qu'un autre qu'en ce qu'il approche plus de la solidité de l'atome dans lequel il n'y a aucune mollesse ; & au contraire un composé n'est plus mol qu'un autre, qu'en ce qu'il approche plus du vuide qui n'a aucune dureté.

Ce n'est pas neanmoins qu'on puisse dire pour cela que le Vuide soit mol, comme s'il avoit une superficie qui pust ceder, mais parce qu'un composé est d'autant plus mol qu'il cede davantage, ou que sa superficie peut moins resister acause qu'il y a davantage de vuide intercepté ; desorte qu'encore qu'il y ait quelque chose qui puisse estre dit absolument dur, asçavoir l'atome, il n'y a neanmoins rien qui puisse estre dit absolument mol ; en ce que tout ce qui est dit mol, est toujours composé d'atomes qui n'ont en eux aucune mollesse.

Et c'est icy qu'il faut se souvenir de ce que nous avons dit, qu'etablissant la solidité des atomes, on peut non seulement rendre raison de la solidité qui est dans les choses, mais encore de la mollesse, & soutenir que les choses sont dures acause qu'elles sont formées d'atomes qui ont de la dureté, & molles acause que bien qu'elles soient formées d'atomes durs, elles ont neanmoins des vuides interceptez qui leur donnent le moyen de se mouvoir, & qui font que leurs parties peuvent flechir, & ceder au toucher ; au lieu que faisant les atomes mols, l'on pourroit peuteſtre bien donner raiſon de ce qu'il y a des choſes molles, mais non pas de ce qu'il y en a de dures; parce qu'il n'y auroit rien d'où l'on puſt tirer la dureté, ou l'inflexibilité.

Il n'eſt pas neceſſaire d'expliquer comment la molleſſe, ou la dureté naiſſent dans le compoſez, puiſque nous l'avons expliqué en traitant de la fluidité, & de la fermeté, & qu'il n'y a autre difference entre la molleſſe des corps fluides comme l'eau, & la molleſſe particulierement priſe dont nous parlons, comme eſt celle de la chair, & autres choſes ſemblables, ſinon que les atomes de la choſe molle particulierement priſe ſont plus crochus, & plus rameux que ceux d'une choſe purement fluide, & qu'ainſi ils font une contexture de parties qui ſe tiennent mieux, & qui ſont plus adherantes, enſorte qu'eſtant preſſées elles ne ſe ſeparent pas entierement pour rouler, & couler comme fait l'eau.

Suppoſant donc de ce que nous venons d'inſinuer, qu'il y a meſme quelque fermeté dans les choſes molles, l'on peut, ce ſemble, dire que la maniere generale dont les choses deviennent molles est, que les parties du corps qui se tenoient plus fermes, & qui estoient plus adherantes, & plus pressées entre elles, se deprennent, ou s'ecartent les unes des autres, ensorte qu'il se fasse de nouveaux espaces vuides; & qu'au contraire la maniere generale dont les choses molles s'endurcissent est, que les parties rares, & dis-jointes deviennent plus serrées, & plus adherantes, & qu'il y ait moins de vuides interceptez; ce qui est evident dans un Peloton de laine; car il devient tres mol lorsqu'on ne le serre que legerement, & que les poils ne se touchant que rarement, il y a beaucoup d'air intercepté, comme au contraire il devient tres dur, lorsqu'on les presse beaucoup, & que les poils se touchant tres frequemment, il ne reste que peu d'air entre eux.

L'on peut ajouter que les choses dures deviennent molles d'une autre façon plus particuliere, asçavoir par la chaleur, ou par l'humidité: Par la chaleur, comme le fer chaud & ardent, & la cire fonduë, lorsque les petis corps de chaleur s'insinuant dans les pores du corps, ebranlent, ecartent, & agitent ses parties de maniere qu'estant devenu plus rare acause des nouveaux petis vuides interceptez, il puisse ceder au corps qui le frappe, ou qui les presse, ou se retirer de sa superficie en luy mesme : Par l'humidité, comme le cuir, ou l'argille humectez, lorsque les petis corps d'humeur s'insinuent de maniere entre les jointures les plus serrées des parties du corps, que ces parties estant dis-jointes, & ayant entre-elles de l'humeur interceptée qui cede facilement, le corps puisse aussi facilement ceder de sa superficie en luy-mesme.

L'on peut enfin dire par la loy des Contraires, qu'il y a aussi une maniere plus particuliere dont les choses s'endurcissent, scavoir est par le froid, ou par la secheresse : Par le froid, lorsque les petis corps de chaleur sont chassez, comme il arrive dans du metail qui se rendurcit; ou lorsque les petis corps de froid s'introduisent, comme il se fait dans l'eau qui s'endurcit en glace. Par la secheresse, lorsque les petis corps d'humeur s'exhalent de quelque corps, comme pourroit estre de l'argille qu'on fait cuire en brique; ou mesme lorsqu'on mesle de nouveau de la poussiere de quelque corps tres-sec avec de l'argille, ensorte qu'elle devienne plus compacte.

L'on demande d'où vient que si l'on met un fer rouge dans de l'eau, il se fait plus dur qu'il n'estoit auparavant? La cause de cecy est, que les petites parties dont le fer est formé, ayant esté comme rarefiées & ecartées les unes des autres par la force de la chaleur, les petis corps d'eau s'insinuent dans ses pores, & que lorsque les parties du fer reprennent leur situation, & se reserrent entre elles, les petis corps d'eau ne peuvent sortir, mais se trouvent pris & enfermez entre ces parties, & occupent ainsi les petis espaces interceptez qui autrement demeureroient vuides, ce qui est cause que le fer devient plus solide, & par consequent plus dur : Une marque de cecy est que si l'on fait derechef rougir le fer ensorte que ses parties s'ecartent les unes des autres, & que les pores s'ouvrant & s'élargissant, les petis corps d'eau puissent s'evaporer, il reprend sa premiere mollesse.

Je pourrois icy vous faire remarquer que suivant ce que nous venons de dire nous comprenons la mollesse, & la dureté des corps par la facilité, & par la difficulté qu'ils ont à ceder, & qu'ils ne cedent que parce que les parties qui sont pressées à la superficie, entrent dans les petis pores interieurs, & atteignent les parties plus avancées qu'ils pressent en mesme temps, & contraignent de se retirer dans les pores plus avancez, & de presser les autres parties qui entrant dans les autres petis pores pressent encore les autres parties jusques à ce que le nombre des petis pores decroissant peu à peu par cet arrangement plus pressé de parties, il n'y ait plus moyen qu'elles entrent ainsi davantage, ni qu'il se fasse par consequent de compression.

Mais il faut bien plutost remarquer qu'aucune superficie ne sçauroit ceder, ni estre dilatée en aucune maniere que ce soit, sans quelque fracture, & dissociation des parties, ou solution de continuité ; & cela est evident dans les choses qui sont pliables, ou flexibles, comme pourroit estre une verge ou une baguette d'Ozier ; car comme
lorsqu'on

lorſqu'on la plie, la partie concave qui ſe retire en dedans fait pluſieurs rides, les parties ne pouvant pas ſe penetrer; ainſi la partie convexe en ſe dilatant ſe trouve interrompuë de quantité de petites foſſes ou enfonçures, les parties ſe tirant l'une l'autre, s'ecartant les unes des autres, & ne pouvant pas occuper pluſieurs lieux.

Il en eſt le meſme dans les choſes qui ſont capables d'eſtre tirées, ou alongées comme un nerf; car encore qu'on ne voye pas clairement l'interruption de continuité, l'on remarque neanmoins que lorſqu'on etend un nerf en long, la groſſeur diminuë, ce qui n'arrive ainſi que parce que les parties qui ſont interieures, ou qui font la groſſeur, ſortent, & viennent paroitre à la ſuperficie.

Il en eſt encore le meſme dans les choſes qui ſont capables d'eſtre traites comme le metail; car il ne s'alonge en le battant, que parce qu'il s'amenuiſe ſelon la profondeur, & que les parties de la ſuperficie s'ecartent de telle maniere que les interieures ſe font paroitre, occupant les petis eſpaces interceptez, & ſe tenant accrochées de part & d'autre avec les parties ecartées.

Je me suis un peu aresté sur ces choses, parce que les Qualités que nous exprimons par ces termes Flexilité, Tractilité, Ductilité dependent de la mollesse, comme au contraire la Rigidité qui leur est opposée depend de la dureté ; ence que nous concevons qu'une chose qui est roide, ne peut estre ni flechie, ni traite, ni alongée.

De la force du Ressort.

A L'egard de la Flexilité, elle donne sujet à une tres grande difficulté; car on demande pourquoy une Verge, une Baguette, un Ressort, une Lame, & auttes choses semblables qu'on a courbées, & pliés, retournent, & prennent leur premiere situation lorsqu'on les lasche. Mais certes le retour des corps courbez, & flexibles semble n'estre autre chose qu'un mouvement reflexe, ensorte que l'impetuosité ou le mouvement de celuy qui a le premier meu, & courbé le corps flexible, est la cause du retour, ou du second mouvement du mesme corps, entant que ce n'est qu'un même mouvement continu,

DES QUALITEZ. 147
ou continué, lequel s'appelle premierement directe, comme lorsqu'une bale s'en va vers une muraille, & puis reflexe, comme lorsqu'elle s'en retourne.

Pour preuve de cecy, mettez un petit baston en travers sur l'un des doigts de vostre main gauche de sorte qu'il soit en equilibre, & poussez en bas le bout qui est à vostre main droite, vous verrez sans doute que l'autre bout qui est à vostre gauche se relevera à mesure que le premier que vous avez poussé s'abbaissera.

Supposons maintenant que lorsque ce bout se releve, il rencontre un corps dur, fixe, & arresté contre lequel il hurte ; n'est-il pas vray que ce corps fixe chassera en bas ce bout, & que celuy que vous avez poussé se relevera à son tour ?

Considerez, je vous prie, qu'il y a icy un double mouvement, sçavoir est le directe, que vous avez imprimé vers le bas du costé droit, & vers le haut du gauche, & le reflexe vers le bas du gauche, & vers le haut du droit, & il est certain que le seul & unique coup que vous avez donné au baston est la cause de l'un & de l'autre mouvement,

G 2

de mesme que c'est le seul coup de Raquette que vous donnez à une bale qui la pousse vers la muraille, & qui la renvoye vers vous.

Mais supposons, disent quelquesuns, qu'on ait arresté un Ressort, ou une lame pliée contre quelque corps bien ferme, & immobile, & qu'on l'ait laissée en cet estat deux ou trois jours, ou davantage si vous voulez ; l'on ne peut pas soutenir alors que ce soit un mouvement continu, ni par consequent un mouvement reflexe ; & l'on dira bien plutost que ce sera un mouvement discontinué, & interrompu.

Nous repondons Premierement que ce mouvement n'a point esté interrompu par un entier repos ; & une marque evidente de cecy est, que la lame fait continuellement effort contre le corps qui l'arreste, le pousse fortement, & y fait mesme enfin quelque impression sensible quand il n'est pas extraordinairement dur, ou qu'elle s'emousse elle-mesme sensiblement, & que s'affoiblissant peu à peu, elle perd enfin toute sa vertu, & ne retourne plus. Et certes si la lame avoit une fois esté dans un parfait repos, elle ne s'en retourneroit pas d'abord comme elle fait avec cette vitesse precipitée par le seul eloignement du corps contre lequel elle estoit appuyée; puisqu'un corps qui est une fois en repos, semble y devoir demeurer eternellement, à moins qu'il survienne quelque nouveau mobile qui le remette en mouvement.

L'on pourroit peut-estre repondre en second lieu, que pour resoudre entierement la difficulté, & confirmer mesme la reponse precedente, il faut toûjours avoir en veuë ce grand & general fondement de Physique dont nous avons déja tant de fois parlé; que dans quelque contexture, composition, & meslange que se trouvent les premiers principes, ils sont dans une agitation perpetuelle, & inamissible, tres rapide, & tres frequente, qu'ils sont par consequent dans un effort perpetuel pour se tirer, pour se debarasser, & pour s'envoler, & que par consequent encore ils se tiennent toûjours autant ecartez les uns des autres qu'il leur est possible, c'est à dire autant que leur peut permettre leur figure, leur union, leur contexture particuliere, leur mouvement, ou premiere impreſſion, les corps qui environnent, leur Peſanteur, ou attraction, & en un mot, la diſpoſition, & l'arrangement, l'union, & la communication generale de la Terre, de l'Eau, de l'Air, & de tous les autres principaux corps de la Nature; ou bien pluroſt, ſi l'on veut (pour dire en un mot) autant que leur permet la cauſe qui retient ces grands corps dans l'union, qui raproche & reünit inceſſamment leurs parties les unes aux autres, & qui empeſche qu'elles ne ſe détachent, qu'elles ne s'ecartent, & ne ſe diſſipent de toutes parts, quelle que puiſſe eſtre cette puiſſante, & admirable Cauſe.

Sur ce fondement nous pouvons dire que bien que l'air ſoit rare, & parſemé de beaucoup de petis eſpaces vuides, & qu'ainſi les premiers principes dont il eſt formé puiſſent ſe mouvoir avec quelque liberté; neanmoins comme ils ſont reſſerrez, joints, & retenus dans une meſme maſſe, & qu'ils n'ont pas toute la liberté qu'ils auroient s'ils eſtoient dans un eſpace entierement vuide, & libre de toute at-

DES QUALITEZ. 151
traction, & que d'ailleurs ils sont dans
cette agitation perpetuelle que je viens
de dire; ils sont aussi dans un perpetuel effort pour se tirer de cette presse,
de cet estat violent, & pour se mettre
en pleine liberté, desorte qu'il y a
long-temps qu'ils se seroient tous de-
tachez & envolez de tous costez s'ils
n'en avoient esté empeschez, & s'ils
n'avoient esté retenus ou par les corps
qui les environnent, ou par leur propre Pesanteur, ou par quelque autre
cause comme nous avons dit.

De là je conclus premierement qu'on
ne doit pas s'etonner que lorsque nous
avons resserré de force, & comprimé
l'air dans un Balon, ou dans une Arquebuze à vent, il sorte, & se degage avec
impetuosité sitost qu'il trouve quelque petite ouverture; veu que tout ce
qu'il y a de petis corps d'air dans le
balon sont dans une agitation, & dans
un effort perpetuel pour sortir, &
qu'ils trouvent hors du balon l'air
moins condensé, & un espace libre, &
sans beaucoup de resistance, où ils se
peuvent repandre, se faire faire place,
& se metre plus au large.

Je conclus de mesme que lorsqu'en

G 4

courbant une Baguette, ou une lame, l'on a comprimé, & resserré non seulement les parties de la superficie concave, mais generalement toutes les parties de la profondeur, les faisant, pour ainsi dire, rentrer en elles-mesmes, les contraignant de se mieux arranger dans les petis vuides, & d'occuper moins de place qu'elles ne faisoient, & les reduisant par consequent bien plus à l'etroit, & dans un estat bien moins libre, ou plus contraint & plus violent qu'elles n'estoient ; l'on ne doit pas s'etonner que la Baguette s'en retourne lorsqu'on la laisse aller ; veu que du moment qu'on la lâche, toutes les parties qui sont dans une agitation & effort continuel pour se degager, retournent avec rapidité dans leur premiere situation où elles sont plus libres, c'est à dire où elles se peuvent mouvoir plus au long & plus au large : De sorte que la cause generale & fondamentale de tous les Ressorts se doit, à mon avis, tirer de ce mouvement intestin, perpetuel, & inamissible des premiers principes, & de cet effort continuel qu'ils font par consequent dans tous les composez comme pour se degager,

& se mettre en pleine & entiere liberté.

A l'egard de la Ductilité, c'est principalement l'Or qui fait icy de la difficulté; car on le rend tellement mince en le battant, qu'on dit qu'une once d'Or mise en feüilles pourroit couvrir dix Arpens de terre, & qu'un seul grain d'Or à la filiere pourroit s'etendre de la longueur de cinq cent pieds: Mais en un mot, la cause de cecy est la grande solidité, ou densité de l'Or, la petitesse des particules, ou atomes dont il est formé, & la quantité des petis crochets par lesquels ils se tiennent accrochez les uns aux autres. Car la densité fournit les parties qui se tirent de la profondeur à la superficie; la petitesse fait que la profondeur peut diminuer, & la superficie s'etendre au delà de ce que l'on scauroit s'imaginer, l'epaisseur des feüilles estant insensible; & la quantité des petis crochets fait que lorsque l'on bat la masse, un atome n'est pas detaché d'un autre d'un de ses crochets, que par le mesme detour qu'il est detaché, il n'en reprenne un autre par un autre crochet, avec lequel il demeure joint; si

G 5

bien que les atomes se tenant ainsi accrochez les uns aux autres par les costez, il se fait une etenduë qui est presque sans profondeur sensible. D'où l'on peut aussi comprendre en passant pourquoy l'on croit que l'Or dans la Fonte ne s'exhale point, & est tenu pour incorruptible.

CHAPITRE XI.

De la Saveur, & de l'Odeur.

Nous supposerons icy que la Langue, & le Palais sont, comme nous dirons en son lieu, l'Organe par lequel la faculté du Goust *perçoit* ou connoit la Saveur, entant que les nerfs de la troisieme, & de la quatrieme conjugaison aboutissent à ces parties, & sont repandus dans leur substance. Cecy supposé, la Saveur dans la chose savoureuse semble n'estre autre chose que des corpuscules dont la configuration est telle, que penetrant dans la langue, ou dans le palais, ils en touchent, & affectent de telle façon la contexture qu'il en naist cette sensation qu'on appelle la Guſtation, s'il eſt permis de ſe ſervir de ce terme, ou le Gouſter.

Ca eſté la penſée de Democrite, & de Platon, qui faiſant deux genres de Saveur, l'une douce ou agreable, & l'autre deſagreable que tantoſt on appelle amere, & tantoſt ſalée, ſure, piquante, acre, rude, &c. ont crû que la raiſon du premier genre eſt, que la choſe ſavoureuſe eſt compoſée de petis corps dont la configuration, ou conformation eſt telle, qu'eſtant repandus dans l'organe du Gouſt, & penetrant dans ſes pores, ils s'y placent, & s'y ajuſtent commodement, & doucement, & ainſi flattent, chatoüillent, adouciſſent, & affectent doucement, & paiſiblement l'organe ; & qu'au contraire la raiſon du ſecond genre eſt que les petis corps qui compoſent la choſe ſavoureuſe ſont figurez d'une telle maniere qu'entrant dans les pores de l'organe, ils ne s'y accommodent pas bien, & ne leur ſont pas proportionnez, d'ou vient qu'ils en picquent, inciſent, & ecartent les parties, & ainſi dechirent, & meuvent rudement & aſprement l'organe. Voicy de quelle maniere Lucrece explique la chose.

Huc accedit, uti mellis, lactisque liquores
Jucundo sensu lingua tractentur in ore.
At contra tetra absinthi natura, feríque
Centauri, fœdo pertorquent ora sapore.
Ut facilè agnoscas è lævibus atque rotundis
Esse ea quæ sensus jucundè tangere pos-
sunt;
At contra, quæ amara, atque aspera cum-
que videntur,
Hæc magis hamatis inter se cumque teneri,
Proptereaque solere vias rescindere nostris
Sensibus, introitúque suo perrumpere cor-
pus.
Hæc ubi lævia sunt manantis corpora succi,
Suaviter attingunt & suaviter omnia tra-
ctant
Humida linguaï circum sudantia templa.
At contra pungunt sensum, lacerantque
coorta,
Quantò quæque magis sunt asperitate re-
pleta.

D'ou l'on entend que ce n'est pas merveille que la langue se porte au miel, & fuie l'absynthe; car elle fait justement en cela ce que fait la main à l'egard du coton, & d'une ortie qu'on luy presente; elle presse le coton avec

DES QUALITEZ. 157

plaisir, & fuit l'ortie, parce que la douceur du coton, & la rudesse, ou les petites pointes aigues de l'ortie l'affectent de deux manieres opposées.

Aristote insinüe que c'estoit aussi le sentiment de Democrite lorsqu'il rapportoit les Saveurs aux Figures, & Theophraste le montre plus expressement quand il marque de quelle figure sont les Atomes qui selon Democrite font chaque saveur en particulier, ascavoir *que les ronds, & qui sont de grandeur convenable font la douce ; que les grands font l'aigre ; que la sure vient de ceux dont la figure est à plusieurs angles, & qui n'est point ronde ; que la picquante vient de ceux dont la figure est aiguë, conique, courbée, & qui n'est ni subtile, ni ronde ; que ceux dont la figure est en rond, fins & subtile, à plusieurs angles, & courbée, font l'acre ; que la salée se produit par des atomes angulaires contournez, & à jambages egaux ; que pour l'amere il faut qu'ils soient ronds, contournez & petis ; & que pour la grasse ils soient subtils, ronds, & petis.*

Pour ce qui est de Platon, il declare evidemment son sentiment, lorsqu'il attribuë les saveurs aux figures,

& principalement *à l'aspreté, & à la douceur ou polissure*. Il est vray, comme dit Pline, que cette raison qui va recherchant les figures particulieres paroit d'abord un peu trop profonde, & trop subtile pour la grossiereté de nos Sens, mais neanmoins c'est toujours beaucoup que ces grands hommes ne trouvent point de raison plus plausible que la diversité des figures pour expliquer pourquoy diverses Saveurs, telle qu'est l'amere, l'aigre, la douce, &c. affectent diversement l'organe, & le raclent, & le dechirent, ou le flattent, & l'adoucissent, & pourquoy les mesmes choses ne sont pas ameres, ou douces à tous, mais qu'un mesme manger qui est agreable & salutaire à l'un peut estre desagreable, & nuisible à un autre?

Lucrece explique tres bien la chose, & en tire la raison de ce que l'organe du Goust dans sa contexture, ou dans la configuration soit des atomes, soit des espaces interceptez dans les divers ou hommes, ou animaux, differe de mesme que different les autres parties, & specialement les exterieures.

Principio meminisse decet, quæ diximus antè
Semina, multimodis in rebus mista teneri.
Porrò omnes quæcumque cibum capiunt ani-
    mantes,
Vt sunt dissimiles extrinsecus, & generatim
Extima membrorum circum casura coërcet,
Proinde & seminibus distant, variantque
    figurâ
Semina: cùm porrò distent, differre neces-
    se'st
Intervalla, viasque, foramina, quæ perhi-
    bemus
Omnibus in membris, & in ore, ipsoque
    palato.
Esse minora igitur quædam, majoraque de-
    bent;
Esse triquetra aliis, aliis quadrata neces-
    se'st;
Multa rotunda, modis multis multangula
    quædam.
Námque figurarum ut ratio, motusque re-
    poscunt,
Proinde foraminibus debent distare figura,
Et variare viæ, proinde ac textura coërcet.
Ergo ubi quod suave'st aliis, aliis sit ama-
    rum;
Illis, queis suave'st, lævissima corpora de-
    bent
Contrectabiliter caulas intrare palati.

At contra, quibus est eadem res intùs acerba,
Aspera nimirum penetrant, hamatáque
  formis.

Je rapporte tout cecy, afin que nous comprenions que veritablement l'on peut dire que la Saveur est dans les choses, mais neanmoins qu'à parler proprement, l'on doit plutost dire qu'elle vient des choses ; car il n'y a proprement de la saveur que dans la bouche mesme, de la saveur, dis-je, qui est differente selon la diversité, ou la diverse contexture de l'organe qui la reçoit ; & certes si elle estoit proprement dans les choses mesmes, & que pour estre telle elle ne dependit point de la disposition de l'organe, elle paroitroit la mesme dans quelque organe que ce fust, & non point telle dans celuy-cy, & autre dans celuy-là.

Cependant la cause de cette saveur est dans les choses mesmes qu'on appelle savoureuses, en ce que leur contexture estant formée de corpuscules d'une telle configuration, elles peuvent demeurant les mesmes, produire un certain effect dans un organe, & un different dans un autre.

Et une preuve evidente de cecy est, que lorsque dans un mesme homme la temperature, ou la tissure de l'organe est changée, soit par l'âge, soit par la maladie, ou autrement, la mesme chose paroit avoir changé de saveur, quoy qu'il n'y ait rien eu de changé dans cette chose. Lucrece apporte l'exemple d'un febricitant qui juge amer ce qu'il jugeoit doux estant sain, & doux ce qu'il jugeoit amer ; parce que la contexture de l'organe estant changée, les petis corps qui auparavant estoient convenables, & proportionnez ne le sont plus, & raclent par consequent l'organe, & le dechirent, & qu'au contraire ceux qui auparavant estoient disproportionnez sont maintenant convenables, & chatoüillent l'organe.

Or ce n'est pas sans raison que les Chymistes pretendét que le Sel est dans les choses la principale cause des Saveurs ; comme si cela venoit des corpuscules dont le Sel est formé, & que ces corpuscules appliquez à l'organe du Goust s'y insinuassent d'une telle maniere qu'ils le meussent selon l'analogie, & la proportion, ou le rapport qu'ils ont avec luy. Ce qui se prouve Premierement de ce qu'il n'y a rien de savoureux dont on ne puisse tirer le Sel, & qui ne devienne insipide lorsqu'on l'en a tiré; n'y ayant pareillement rien d'insipide qu'on ne rende Savoureux en y meslant du Sel. Secondement de ce que nous observons que rien ne devient capable d'estre gousté ou qui ne soit humide, & qu'ainsi il n'ait pû imbiber du Sel dissous, ou qui ne soit penetré d'humeur par laquelle le Sel entre-meslé puisse estre dissous, & exprimé avec l'humeur, & se puisse insinuer dans l'organe du Goust.

Aussi est-ce pour cette raison que l'Autheur de la Nature a octroyé une humidité particuliere à la Langue & au Palais, afin qu'il y ait de quoy humecter les choses qui sont trop seches, & qu'elle en puisse tirer le Sel, & se le faire penetrer en elle-mesme; la Vertu Motrice luy ayant d'ailleurs esté octroyée pour se presser vers le palais, afin que le suc Savoureux soit exprimé de la chose, & penetre dans l'organe.

Mais d'ou vient direz-vous, que

l'humeur de la Langue est salée ? Parce que soit qu'il sorte de la Langue comme une espece de sueur, soit qu'il decoule du cerveau par les vaisseaux salivaires, il emporte avec soy du sel des parties par où il passe ; & c'est pour cette mesme raison que l'Urine, & la sueur ne sont jamais sans quelque salure. Cependant le sel qui est adherant à la langue a cela de propre, & de commode, que l'eau qui n'est point tant de soy Savoureuse que propre pour apprester les Saveurs lorsqu'elle dissout le sel qui est dans les choses, est renduë par son moyen Savoureuse & desirable, si l'estomac en a de besoin. Et une preuve de cecy est, que l'eau est d'autant plus Savoureuse & agreable, que la langue est plus seche, ou qu'elle a moins d'humeur, & plus de sel qui estant dissous l'affecte plus doucement.

Aristote objecte que si les Saveurs se rapportoient aux figures des corpuscules, comme il y a une diversité infinie de figures, il devroit aussi y avoir une diversité infinie de saveurs. Mais pourquoy ne peut-il pas y avoir un nombre innombrable de saveurs differentes à raison des meslanges innombrables ? N'y a-t'il pas une merveilleuse diversité de Sels, le Sel commun, le Nitre, l'Ammoniac, le Sucre, l'Alun, celuy des Plantes, celuy des Animaux, & de tant d'autres choses dont chacune a le sien propre & particulier ? Et tous ces Sels divers ne peuvent-ils pas se mesler diversement, non seulement entre-eux, mais encore avec une infinité d'autres choses qui feront que les petis corps de Sels seront ou plus rares, ou en plus grande abondance ? Cette douceur que nous sentons dans le miel touche-t'elle le goust comme celle qui est dans le laict, ou dans le sucre, dans le vin, dans la pomme, ou dans la viande ? Et cette saveur sure d'une pomme qui n'est pas meure est-ce la mesme que celle d'une poire, d'une cerise, d'une prune, d'une corme, & des autres fruits verds ? Sans parler de ces especes presque innombrables dont les Cuisiniers sont les autheurs, & de cette diversité admirable qui naist de la diversité des organes, comme nous venons de dire.

Maintenant à l'egard de l'Odeur, il faut supposer que ces deux Allongemens Mammillaires du Cerveau qui aboutissent à l'os spongieux dans le fond des narines, sont l'Organe de l'Odorat, entant qu'ils reçoivent deux petis nerfs qui sont hors de l'ordre des conjugaisons ordinaires. Et l'Odeur dans la chose semble aussi n'estre autre chose que des corpuscules figurez d'une telle maniere, qu'estant reduits en exhalaison, & s'insinuant dans les narines, ils s'appliquent ensorte à la contexture de l'organe qu'il naist de là cette sensation que nous appellons *Flairer*, & les Latins *Olfactio*, ou *Odoratio*.

Or l'on sçait qu'il y a cette difference entre la Saveur, & l'Odeur, que la saveur ne pouvant mouvoir le Sens que la chose mesme savoureuse ne soit appliquée à l'organe & ne le touche, l'odeur le peut faire quoyque la chose odoriferante soit eloignée de l'organe, sibien qu'au lieu que l'organe du Goust exprime la saveur de la chose, l'organe de l'Odorat reçoit l'odeur qui est transmise de la chose, de mesme que le Son est de loin transmis à l'Oüye par le corps sonnant. Je dis transmise, car l'odeur ne se fait point sentir, si depuis la chose odoriferante il n'est transmis des molecules, ou de certains corpuscules de telle maniere proportionnez à l'organe de l'Odorat, qu'ils le meuvent, & l'affectent.

Ainsi il est visible Premierement qu'on peut dire que l'Odeur est ou la contexture mesme des corpuscules qui sortent de la chose odoriferante, ou du moins qu'elle n'est point sans elle; & c'est de quoy tous les Philosophes demeurent aisement d'accord, puisqu'ils veulent que ce ne soit autre chose qu'une certaine exhalaison, ou une espece de vapeur, quoyqu'ils disent souvent que c'est une qualité qui est jointe à l'exhalaison. La chose est evidente non seulement dans l'encens, & dans les autres choses qui sont ou bruslées, ou exhalées par une chaleur legere, & dont la fumée odoriferante est fort visible, mais encore dans les roses, & autres choses semblables qui se fletrissent en perdant l'odeur, ce qui marque que la partie la plus subtile de la substance s'evapore. De là vient que Platon dit que *l'Odeur est une fumée*, & Aristote que c'est *une certaine exhalaison fumeuse*, quoyqu'il en parle ensuite tres obscurement.

Secondement il est visible qu'il doit y avoir une particuliere proportion entre les corpuscules d'Odeur & la contexture de l'organe. Car quoyque les mesmes corpuscules viennent frapper les mains, les joües, & la langue mesme, ils ne se font neanmoins pas sentir ; ce qui ne peut venir que de ce qu'ils n'ont point de proportion, ni avec les petis pores, ni avec la contexture de ces parties, & que cependant ils en ont avec celle des Allongemens Mammillaires.

Et certes, comme la contexture de ces Allongemens est entierement differente de celle de la Langue, ainsi les corpuscules qui affectent celle-là doivent estre differens de ceux qui affectent celle-cy; ensorte que bien qu'une mesme chose soit en mesme temps savoureuse, & odoriferante, elle contient neanmoins divers corpuscules, dont les uns sont proportionnez au Goust, & les autres à l'Odorat. Et une marque de cette diversité est, que souvent une chose qui est de tres bonne odeur, est de tres mauvais goust.

Quoyqu'il en soit, la raison qui veut que la sensation, ou la perception de la saveur vienne des figures des corpuscules, veut encore le mesme à l'egard de la perception de l'odeur; de sorte que ce que je disois plus haut d'une chose douce comme le coton qui attire & chatoüille la main, & d'une chose aspre comme l'ortie qui la fait fuïr, montre assez que les corpuscules qui sortent de la rose, ou du safran doivent estre polis, & ceux qui sortent d'un cadavre doivent estre herissez de pointes, afin que ceux-là flattent, chatoüillent, & attirent les narines, & que ceux-cy les picquent, & les poussent en arriere. Ce devoit estre la pensée de Platon, lorsqu'il dit que les bonnes odeurs flattent, & s'insinuent amiablement, & les mauvaises rudement, violemment & en irritant. Aussi est-ce de là qu'y ayant une si grande diversité de temperamens, de pores, & de conduits dans l'organe de l'Odorat l'on rend raison de ce qu'il y a des odeurs qui sont tres agreables à de certaines personnes, & mesme à de certains Animaux, & qui sont cependant insupportables à d'autres:

Comme

DES QUALITEZ. 169

Comme aussi de ce que divers hommes, & divers animaux se plaisent à differentes odeurs.

Au reste il est facile d'inferer de tout cecy que le mesme se doit dire de la chose odoriferante, que de la chose savoureuse; asçavoir que ce que l'on appelle Odeur n'est proprement que dans l'organe, lequel selon qu'il est disposé, fasse paroître la mesme chose, ou la mesme exhalaison d'une certaine odeur, ou d'une autre.

Ajoutons que les corpuscules dont l'odeur, ou l'exhalaison que nous appellons odoriferante est tissuë, semblent estre les mesmes que ceux dont est tissuë cette substance sulfureuse des Chymistes. Car par le mot de Soufre ils entendent une certaine substance grasse, & huileuse qu'ils sçavent tirer des corps, & qui paroit differente dans les differents corps selon la diversité des mixtions, comme il a esté dit à l'egard des Saveurs. Et certes ce doit bien estre une substance singuliere, puis qu'estant tirée de la rose, de la pomme, de la canelle, &c. ces choses demeurent sans odeur, & qu'estant conservée à part, elle nous re-

TOME II.   H

presente la mesme odeur qu'avoit la chose dont elle a esté tirée.

De là vient que de mesme que nous avons dit que le Sel seul sembloit estre la cause generale des Saveurs, ainsi il semble que nous pouvons dire que la cause generale des Odeurs consiste dans le Soufre ; & qu'Aristote par consequent semble n'avoir pas eu raison d'avancer que les Odeurs, & les Saveurs tirent leur origine d'une mesme cause.

Et il n'y a pas lieu d'objecter que les mesmes choses sont savoureuses, & odoriferantes ; puisque, comme nous avons dit, cela se fait à raison du meslange des Principes, dont il y en a quelques-uns qui sont capables de faire impression sur l'organe du Goust, & d'autres sur celuy de l'Odorat.

Ce qu'il enseigne fort judicieusement est que l'Odeur est engendrée, & meüe par le moyen de la chaleur ; car soit que les corpuscules d'odeur soient principalement contenus dans une substance sulfureuse, soit dans quelque autre matiere qu'on voudra, il est certain que par l'expression de l'humeur aqueuse ces corpuscules sont mieux raſſemblez entre eux, qu'eſtant plus preſſez & plus ramaſſez ils ſont capables de mouvoir davantage l'organe, & qu'eſtant davantage pouſſez par la chaleur, ils ſont contraints de ſe ſeparer, de s'ecarter, & de s'exhaler.

De là vient que plus les fruits ſont meurs plus ils ſont odoriferans, que tous les Aromats naiſſent dans les Regions les plus chaudes, & que toutes choſes ſentent bien davantage pendant l'Eſté que la chaleur eſt vigoureuſe, que pendant l'Hyver.

De là vient encore que toutes les choſes odoriferantes ſont chaudes, ce qui eſt cauſe qu'elles s'exhalent, & ſe diſſipent perpetuellement, & qu'on eſt obligé pour les conſerver davantage dans leur odeur, de les incorporer avec de l'huile commune, ou avec quelque autre choſe moins capable de s'evaporer, & de les retenir bien enfermées, & meſme plutoſt en leur entier que par morceaux, & plutoſt dans un air froid que dans un air chaud.

J'ajouteray ce mot à l'egard de la diverſité des Odeurs, qu'Ariſtote pourſuivant de montrer le rapport qu'il y a entre les Odeurs, & les Saveurs, montre pareillement qu'il y a des odeurs acres, douces, sures, rudes, grasses, &c. mais Platon enseigne qu'il y en a de tant de sortes qu'elles n'ont point de nom particulier, & il se contente de les reduire sous deux Genres qui sont le Doux ou agreable, & le Fascheux ou desagreable.

CHAPITRE XII.

Du Son.

SVpposons derechef icy à l'egard du Son, que l'Organe de l'Oüye à qui en appartient la perception, est apparemment le fond de cette sinuosité de l'oreille où se termine un rameau des nerfs de la cinquieme conjugaison. Ajoutons que le Son semble aussi n'estre autre chose que des corpuscules figurez d'une certaine maniere, & qui estant trâsportez avec une rapidité tres grande depuis le corps sonnant jusques à l'oreille, frappent & excitent l'organe ensorte qu'ils causent cette sensation qu'on appelleroit Audition si l'on pouvoit aussi se servir de ce terme.

Ce doit avoir esté la pensée de plusieurs de ces anciens Philosophes, dont quelques-uns ont dit *Que la Voix, ou le Son est un flux, ou écoulement de petis fragmens figurez d'une mesme façon, qui sont envoyez des choses ou qui parlent, ou qui sonnent, ou qui font quelque sorte de bruit*, & les autres, comme Platon, *Que le Son est un fort & violent battement d'air*, les autres enfin comme Aristote, *Vne motion d'air*, où comme les Stoïciens, *Le coup, ou le frappement de l'air*.

Et ce n'est pas certes sans raison qu'ils ont tous pretendu que le Son est quelque chose de corporel; veu qu'il a la force d'agir, & de mouvoir nos sens; Car lorsque l'on crie fortement & avec vehemence, dit Lucrece, les principes de la voix qui passent avec rapidité pressez, & serrez le long de la Trachée-artere, touchent asprement, & rudement ce canal etroit; & un Orateur, ajoûte-t'il, qui parle long-temps, & avec force, s'enroüe souvent, & se trouve enfin las & abbatu. Joint que la voix frappant contre des corps solides se refléchit, ce qui est cause que nous entendons derechef le mesme son.

C'est ce son reflexe qu'on appelle Echo, & qu'Aristote compare non seulement avec une bale, mais encore avec la lumiere, en ce que le son, & la lumiere sont sujets aux mesmes loix de la reflection; & c'est cet Echo que Virgile à l'imitation de Lucrece appelle Image, lorsqu'il dit que les rochers resonnent, & que l'image de la voix qui les rencontre se reflechit.

Saxa sonant, vocisque offensa resultat imago.

Parceque l'Echo a quelque chose de semblable à une image qu'un miroir ou quelque autre chose polie reflechit à nos yeux. Car de mesme qu'outre cette image qu'un objet envoye directement à nostre œil, il y en a un nombre innombrable d'autres que ce mesme objet envoye dans diverses parties de l'espace circonvoisin, lesquelles images pourroient estre renvoyées à nos yeux s'il y avoit des miroirs qui fussent justement placez & disposez pour cela; de mesme, outre la voix ou le son qui sortant avec impetuosité de nostre bouche, ou de quelque autre corps, vient en premier lieu à nostre oreille, il y en a un nombre innombrable d'autres repandus dans l'air qui peuvent estre reflechis vers nous, & qui nous peuvent faire entendre derechef la mesme voix, s'ils tombent sur des corps solides, & quelque peu polis : Je dis solides, & quelque peu polis, parceque s'ils sont trop poreux, ils laissent passer le son sans le reflechir, & s'ils sont trop raboteux, ils le rompent, & le dissipent.

Mais il faut remarquer en premier lieu, que si vous estes placé trop prés du corps reflechissant, & que le son se fasse proche de vous, il ne se fait alors aucun Echo, ou plutost on n'en distingue aucun ; parce que la voix directe, & la voix reflechie entrent dans l'oteille si continument, je veux dire par une suite si continuë, que le moment de temps qui se trouve entre les deux est imperceptible, ensorte qu'elles n'apparoissent qu'une seule & unique voix, le sentiment n'ayant pas assez de temps pour les distinguer : Il est vray que le son est alors plus fort, & en quelque façon de plus longue durée, ce qui se trouve encore plus vray si la reflection se fait en mesme temps de plusieurs endroits, comme dans une voute où il se fait plusieurs reflections, & plusieurs fois reïterées d'ou il s'ensuit non pas un son distinct, mais un bourdonnement confus.

Et c'est pour cette raison que le son des vases concaves qu'on frappe, dure fort longtemps, principalement lorsqu'ils sont suspendus, & qu'ils peuvent trembler, ou aller & venir tres frequemment comme les Cloches. Car non seulement l'air exterieur, mais principalement encore l'interieur est agité, poussé, & repoussé par ces coups frequens, ce qui'est cause que le bourdonnement continuë jusques à ce que le tremblement cesse entierement.

Il faut remarquer en second lieu, que si vous estes loin du corps sonnant, & proche du reflechissant, vous n'entendrez qu'un seul son, & qui vous semblera venir du corps reflechissant ; parceque le son direct, & le reflexe frapperont l'oüye sans aucun intervalle sensible.

En troisieme lieu que plus on sera prés du corps reflechissant (ensorte neanmoins que la voix directe puisse estre distinguée de la reflexe) moins il reviendra de syllabes distinctes, &

qu'au contraire il en reviendra un plus grand nombre plus on en sera éloigné; parceque lorsqu'on est prés, l'intervalle de temps qui est entre le moment auquel celuy qui parle cesse de parler, & le moment auquel celuy qui ecoute commence d'entendre la voix reflexe, est moindre que lors que l'on est plus loin; c'est pourquoy quand on est prés, l'intervalle n'est pas assez long, ni assez etendu pour que l'on puisse cependant distinguer plusieurs syllabes, & qu'il l'est suffisamment quand on est loin.

De là vient qu'il ne faut pas s'etonner si un Hexametre est quelquefois rendu tout entier, mais il faut que la voix soit robuste, afin qu'y ayant une grande distance, comme il est necessaire, elle puisse parvenir au corps reflechissant, & retourner de là à l'oreille: Aussi avons-nous quelquefois observé un plus grand nombre de sons de trompettes rendus qu'il ne faudroit de syllabes pour un hexametre, si du mesme endroit la voix d'un homme eust pû parvenir jusques où parvenoit le son de la trompette.

Mais la cause pour laquelle une seule syllabe est renduë plusieurs fois est differente ; car cela vient quelquefois de la multitude des lieux qui sont situez, & arrangez d'une telle maniere que les plus proches renvoyent la voix les premiers, & les plus eloignez les derniers ; & quelquefois des lieux ou corps qui sont opposez les uns aux autres, & qui se reflechissent mutuellement la voix, tels que devoient estre ceux de cet Edifice de Charenton qui rendoient ordinairement dix-sept fois la mesme syllabe, & quelquefois jusques à vingt-six lorsque la voix estoit tres forte.

Nous dirons en passant que ce mouvement du son nous doit encore estre une preuve que le son est quelque chose de corporel ; puisqu'il a tant de rapport avec les corps, je veux dire que non seulement il est transmis d'un lieu à un autre, & reflechi, mais qu'il avance mesme, & retourne assez lentement, comme nous dirons lorsque nous rechercherons la cause de ce que le Tonnerre est entendu plus tard que la Foudre n'est veuë. Outre qu'un son n'est agreable ou desagreable que parce que les principes du son entrant dans l'organe le touchent doucement s'ils font polis & proportionnez; ou rudement s'ils ne le font pas, comme il a esté dit de la saveur, & de l'odeur.

Asperitas autem vocis fit ab asperitate Principiorum; & item lavor lavore creatur.

Nec simili penetrant aures primordia formâ Quom tuba depresso graviter sub murmure mugit,
Aut reboant raucum retrò cita cornua bombum,
Vallibus & Cygni gelidi orti ex Heliconis, Cùm liquidam tollunt lugubri voce querelam.

Or cette diversité de sons, & principalement de voix, ou de lettres tant consonnes que voyelles, nous donne lieu de conjecturer que pour le son il est requis une certaine configuration, c'est à dire qu'afin que les principes soient capables de faire du son, ou de devenir son, il est necessaire qu'en sortant de la bouche, ou de quelque corps sonnant, ils prennent une certaine figure ou forme; car cette diversité de sons ne semble pas pouvoir estre discernée par le sens si l'organe n'est diversement touché & affecté, & l'organe estre diversement affecté qu'à raison de la diverse contexture ou configuration des principes du son.

Et il ne faut pas penser que cette configuration soit une chose si absurde, puis qu'au rapport de Plutarque les Anciens l'ont approuvée, comme Pytagore, Platon, & Aristote, lorsqu'ils disent *Que la figure qui se fait dans l'air, & dans sa superficie par un certain coup devient voix*, & qu'Aristote fait cette demande, *D'où vient que la voix estant un certain air figuré, & qui souvent perd sa figure en passant d'un lieu à un autre, il la conserve neanmoins en son entier lorsqu'il est reflechi par un corps solide ?* En effet, je ne vois pas de difficulté à comprendre que cet ecoulement de petis corps qui sont tres subtils, & qui sont comprimez, & brisez par le choc des corps, ne puisse pas facilement prendre une certaine figure ; puisque nous voyons dans les tourbillons que les vents en prennent une particuliere, & il ne me semble pas hors de raison de dire que lorsque la bouche pousse, & forme une voix, ou que quelque autre corps produit un son, la contexture des petis corps qui coulent soit comprimée,

& comme brisée d'une telle maniere qu'elle soit reduite en petis fragmens, ou petites masses formées de mesme façon, qui jaillissent en foule ça & là, & se repandent dans tout l'espace circonvoisin, conservant cependant leur ressemblance entre elles jusques à l'ouïe, & retenant de certaines marques de leur formation par le moyen desquelles elles soient discernées.

Cette diffusion & epanchement de son ne sçauroit estre mieux comparé qu'avec ce soufflement des Foullons, par le moyen duquel une tres petite quantité d'eau est divisée & repanduë en un nombre innombrable de petites gouttes, & ce par la mesme bouche qu'un peu d'air est divisé & repandu en un nombre innombrable de petites voix. Remarquez cependant que par ce mot d'air je n'entens pas tout cet ecoulemêt d'air, ou de souffle tel qu'est celuy que l'on voit sortir l'Hyver au Soleil de la bouche d'un homme qui parle, mais seulement les petis corps les plus subtils; car toute la masse de l'air ne semble pas estre meuë, mais seulement ce qu'elle a de plus subtil,

& qui est principalement capable de prendre figure

Et je sçay bien que Plutarque demande comment il est possible que tout un Theatre qui contient des milliers d'hommes soit remply de petis fragmens d'air ? Mais comme nous voyons que ce peu d'eau que tient un Foullon dans sa bouche arrose par cet epanchement qu'il en fait, & remplit un espace assez considerable, quoy que les gouttes demeurent encore assez grossieres; de mesme il semble que l'on peut dire qu'un peu d'air estant diffus & repandu en une espece de rosée, peut remplir une espace beaucoup plus ample. Et certes, on ne sçauroit nier qu'il n'y ait du rapport; car comme plus les petites gouttes sont proche de la bouche du foullon, & sont par consequent plus pressées, plus elles arrosent abondamment ; de mesme, moins les petites voix sont eloignées de la bouche de celuy qui parle, & sont par consequent plus pressées, plus elles frappent l'oreille, & plus fortement & plus distinctement elles nous font entendre.

Car il faut concevoir comme une

voix totale ou generale, qui estant poussée hors de la bouche, jallisse & se disperce en une infinité de petites voix semblables entre elles, telles que sont de petites gouttes d'eau, lesquelles voix soient receuës en diverses oreilles, les unes en celles-cy, & les autres en celles-là d'ou il arrive par consequent que de plusieurs Auditeurs il n'y en ait jamais deux qui entendent la mesme voix simple & absoluë, quoy qu'il leur semble entendre la mesme, & qu'on dise ordinairement que c'est la mesme voix, acause de la ressemblance qu'elles ont entre elles, & qu'elles tirent, pour ainsi dire, leur origine d'une mesme voix totale & generale; comme l'on dit ordinairement que ceux-là boivent d'une mesme eau qui boivent du mesme fleuve, ou de la mesme fontaine.

Vous demanderez peuteftre icy ce qui nous semble de l'Opinion de Democrite qui enseigne dans Plutarque *Que la voix estant une fois formée en de petis fragmens semblables, ces fragmens forment ensuite l'air en d'autres fragmens semblables qui en se tournant & se roulant s'envolent avec les autres.* Je reponds qu'Epicure semble veritablement rejetter cette Opinion, croyant qu'il est plus raisonnable de dire que ces petis fragmens estant sortis un peu grossiers, peuvent en traversant & rencontrant l'air, se diviser & se dispercer en plusieurs autres petis fragmens semblables, de la mesme façon que nous voyons quelquefois qu'une petite bluette de feu se disperce en plusieurs autres petites semblables bluettes. Neanmoins l'Opinion de Democrite ne laisse pas d'estre considerable, en ce qu'il semble que les petites parcelles d'air, lors qu'elles se tournent, & qu'elles s'envolent, peuvent imprimer leur figure à celles qu'elles rencontrent avec autant de facilité qu'elles l'ont elles-mesmes receuë, ensorte qu'il se fasse une multiplication de petites parcelles figurées de mesme maniere.

Car pour ce qui est de ce que dit Epicure, que cette multiplication semble estre trop difficile ; cela pourroit avoir lieu à l'egard de l'industrie humaine, mais non pas certes à l'egard de la Nature qui sçait avec tant de facilité multiplier quelque petit grain que ce soit en tant d'autres semblables petis grains. Je ne sçay pas mesme si cette Opinion n'auroit point cet avantage que de pouvoir servir à expliquer pourquoy le son n'est pas porté avec la mesme vitesse que la lumiere, si l'on se represente la lumiere comme un simple trajet, & le son comme allant en choquant diversement ça & là, ce qui ne sçauroit estre sans quelque retardement.

Cette Opinion a beaucoup de rapport avec celle des Stoïciens, qui reconnoissant aussi que le Son ne doit estre autre chose qu'une motion de l'air qui selon qu'il est diversement poussé, meu ou agité, & configuré, pousse & meut diversement l'organe, & cause ainsi la diversité des Sons, s'imaginent que le Son se forme & se continuë par une espece de propagation, comme il arrive à l'egard de ces ondoyements ou circulations qui se forment dans un Bassin d'eau au milieu duquel l'on a jetté une pierre. Et certes cette Opinion a sa probabilité, d'autant plus qu'elle evite l'inconvenient que Plutarque objecte à Epicure, & celuy qu'Epicure objecte à Democrite ; neanmoins noftre Autheur semble avoir plus d'inclination pour celle de Democrite, parce qu'il est toujours tres difficile à concevoir que l'Air eftant tres rare & tres fluide, la mefme impreffion, & configuration qu'il aura receuë du corps fonnant, puiffe eftre continuée & conferveé de là jufques à l'oreille, qui fera quelquefois eloignée de dix ou douze lieuës ou davantage, quand les Sons font violents, comme ceux des Canons.

Quoyqu'il en foit, l'on ne fçauroit au moins qu'on n'admire cette premiere formation de la voix, & cette varieté de figuration, qui bien qu'elle foit prefque infinie, fe fait neanmoins par fi peu d'organes d'efpece differente. Car encore que la Trachée-artere, & le Larinx contribuent en quelque façon conjointement avec le Poulmon pour faire que la voix foit claire & aiguë, ou baffe & grave, felon qu'ils pouffent & font fortir l'air par une ouverture plus étroite ou plus large, neanmoins la diftinction regarde la langue feule, & les levres, quoy que le palais, & les dents fervent au

DES QUALITEZ. 187

mouvement par lequel la langue doit frapper les mesmes parties ; & bien que l'on puisse dire qu'une mesme langue peut aussi-bien faire par le moyen du mesme air une infinité de voix differentes, qu'une mesme main est capable de faire une infinité de differens caracteres avec la mesme plume, & la mesme ancre, l'un & l'autre toutefois ne laissent pas d'estre quelque chose de merveilleux.

Je passe cependant sous silence une chose qui n'est pas moins admirable, c'est cette rapidité incroyable avec laquelle l'air doit estre poussé hors de la bouche pour qu'il puisse devenir son ; car afin que l'air devienne une voix qui convienne avec le son de quelque corde, ou qui soit, comme on dit, à l'Unison avec elle, il ne doit pas estre poussé plus lentement par le poulmon que par la corde qui va, & vient tres rapidement.

Je remarque seulement en general que le son n'est pas produit sans mouvement, & que pour cette raison la chose sonnante, qui doit d'ailleurs avoir quelque solidité ou fermeté & resistance, doit frapper ou sur une autre chose solide & resistante, comme'une pierre contre une pierre, ou un marteau sur une enclume, sur une cloche, &c. ou frapper l'air qui est fluide, & de peu de resistance, comme fait une corde tenduë, ou enfin estre pouffée par l'air, comme la trompette est pouffée par le soufle. Or il n'est pas necessaire dans le premier cas que le choc se fasse par un mouvement extremement viste; parce que la resistance qui est de part & d'autre fait que l'air qui se trouve pris entre les deux superficies jaillit, & se répand de tous costez avec beaucoup de rapidité, & que le corps sonnant, l'enclume, par exemple, ou la cloche, étant ebranlé en toutes ses parties, & tremblant par consequent tres viste & tres frequemment, pousse l'air de mesme, lequel estant parvenu a l'oreille devient son ; & c'est ce tremblement qui cause ce bourdonnement qui dure encore quelque temps apres le coup donné, & qui ne cesse qu'avec le tremblement, comme il a déja esté dit. Mais dans le second cas il est necessaire que le mouvement se fasse avec une vitesse bien plus grande pour qu'il puisse de là naistre du son ; parceque la resistance qui manque du costé de l'air, fait qu'il doit estre poussé & repoussé tres frequemment, comme il arrive lors que les allées & les venuës d'une corde sont tres rapides, & par consequent tres frequentes.

A l'egard du mouvement de l'air qui tend du corps sonnant à l'oreille, c'est une chose etonnante qu'il traverse toujours l'air avec une egale vitesse, bien que l'impetuosité des corps sonnans qui l'agitent soit inegale; car il est constant par l'experience que les sons soit grands, soit petis, qui se font dans un mesme endroit, sont tous portez en un temps egal au mesme lieu d'où ils sont entendus, ce qui se peut facilement observer dans les sons des armes à feu qui sont eloignées de deux ou trois mille, lors qu'ayant remarqué le moment auquel la flamme qui est produite en mesme temps que le son paroit aux yeux, l'on conte les battemens d'artere, ou les allées & venuës d'un Pendule jusques à ce que le son parvienne à l'oreille; car l'on remarque que les allées & venuës qui sont d'ailleurs d'egale durée, sont egales en nombre, soit que le son se fasse par une grande machine telle qu'est un canon, ou par une petite telle qu'est un mousquet.

Les Stoïciens taschent de faire comprendre cette egalité de vitesse par cette comparaison que nous avons deja touchée, soutenant que l'air frappé estant continu se forme en cercles, de mesme qu'une eau tranquille dans laquelle on jette une pierre ; car que la pierre soit petite ou grande, pretendent-t'ils, & qu'elle tombe avec force ou tout doucement, cette production de cercles dans l'eau ne s'en fait pas pour cela plus viste, ou plus lentement, mais elle est continuée d'une mesme teneur jusques au rivage. Et cette comparaison leur semble d'autant plus propre qu'elle donne moyen d'expliquer pourquoy le son parvient à l'oreille plus lentement que l'espece visible à l'œil ; le trajet de l'espece se faisant directement sans cette production de cercles, & l'espece n'estant par consequent pas sujette à estre retardée de mesme : Neanmoins si l'on conçoit que le mouvement du son se fasse par propagation, suivant l'opinion de Democrite, on aura le mesme avantage pour expliquer la lenteur du son comparée avec la vitesse de l'espece visible ; le trajet de l'espece visible ne se faisant point aussi par cette sorte de propagation qui la puisse retarder comme le son.

Nous ne devons pas icy laisser passer l'Observation du R. Pere Mersene, qui mesurant exactement la vitesse du son, remarqua qu'il parcouroit dans une seconde d'heure deux cent trente toises de Paris, & qu'ainsi dans une minute, c'est à dire dans la soixantieme partie d'une heure, il en parcouroit plus de quatorze mille.

Ce que nous devons encore admirer à l'egard du mouvement du son est, qu'il n'est point avancé par le vent favorable, ni retardé par le contraire, comme allant egalement viste, & parvenant toujours dans le mesme temps d'un mesme lieu à un mesme lieu. Il y a toutefois moins de sujet de s'en étonner, parce que le vent favorable estant incomparablement plus lent que le son, comme il est aisé de voir par le mouvement des nuës, & par les ondes des campagnes de bledz, des prairies, & des forets, il est constant qu'il ne sçauroit le faire avancer fort sensiblement.

Il est vray que le vent contraire opposant ses petis corps aux petis corps du son, peut bien en reprimer & arrester quelques-uns, ce qui est cause que le son paroit plus foible, mais ce qui reste de petis corps de son, je veux dire tous ceux qui n'ont pas esté arrestez, traversent l'espace d'une egale vitesse, de mesme que les rayons du Soleil qui passent & s'eschappent au travers d'un broüillar.

De tout cecy l'on doit inferer que le son dans l'air est plutost produit par la frequence du mouvement que par la rapidité, & que la difference du son aigu, & du grave ne vient pas de la rapidité, ou de la lenteur du mouvement, comme l'a cru Aristote, mais de la frequence, ou infrequence.

Pour mieux entendre cecy, tendez premierement une corde de boyau, ensorte neanmoins qu'elle soit assez lasche pour que vous puissiez observer ses allées & venuës ; il est bien vray que pour lors la corde poussera l'air à chaque allée & venuë, & que l'air poussé parviendra à l'oreille, &
atteindra

atteindra l'organe, mais toutefois l'oreille ne l'appercevra pas; parceque comme chaque abord ou atteinte d'air se fait dans un temps imperceptible, ou insensible, il fait seulement une playe insensible dans l'organe, parce qu'elle est incontinent consolidée, & qu'il n'en reste plus aucun vestige lorsqu'il se fait une autre playe par une autre atteinte, acause du moment de temps sensible qui se trouve entre les deux atteintes.

Tendez cette corde un peu davantage, ensorte que les allées & venuës soient si frequentes qu'on ne les puisse plus observer ; vous entendrez pour lors un certain sifflement, parceque les atteintes de l'air à l'oreille seront presque continuës, & ne laisseront presque pas consolider la playe, acause que le temps intercepté entre les atteintes est insensible.

Tendez-la encore plus fort, vous entendrez enfin pour lors un son clair, parceque les atteintes seront encore bien plus continuës, & que toutes les playes redoublées seront, pour ainsi dire, une playe encore plus continuë, acause que les momens de temps interceptez sont encore bien plus imperceptibles.

Or ce que nous vous faisons remarquer à l'egard de la corde se doit entendre à proportion à l'egard des autres choses ; car un souffle lent poussé dans une trompette ne donne point de son, non plus que celuy que les poumons poussent foiblement, acause de l'infrequence des poussemens & repoussemens entre les costez de la trompette, & de la Trachée-artere, & que les atteintes qu'il donne à l'oreille sont pour lors trop infrequentes, & ne font pas des playes dans l'organe assez continuës ; au lieu qu'il se fait du son si le souffle est fortement poussé, acause de la frequence des atteintes que reçoit l'oreille, & des playes plus continuës qui se font dans l'organe.

Il semble donc que le Son s'engendre non pas par la rapidité, mais par la frequence du mouvement, & des coups, & des playes que l'air fait, & imprime dans l'organe; si ce n'est qu'on veüille dire que la rapidité est la cause de cette frequence.

A l'egard de ce que nous avons dit que le Son aigu se fait par la frequence,

DES QUALITEZ. 195
& le grave par la rareté des atteintes, & des coups ou playes; c'est une verité qui se peut prouver par l'exemple d'une corde tenduë avec un poids, laquelle ne rend un son grave, ou un aigu, que parce qu'estant pincée, elle fait des allées & venuës plus infrequentes, ou plus frequentes.

Car ayez premierement une longue corde tenduë avec un petit poids seulement, afin que l'ayant tirée d'un costé, ses allées & ses venuës soient tres lentes, & se puissent observer, ensorte que chacune reponde, par exemple, à chaque battement d'artere. Retranchez ensuite la moitié de la corde, & tirez l'autre moitié sans changer le poids, alors les allées & les venuës se feront le double plus viste ensorte que deux repondront à un battement d'artere. Retranchez la moitié de cette moitié, & tirez encore l'autre moitié qui demeurera, & qui sera la quatriéme partie du tout; & vous verrez que les allées & venuës seront le double plus vistes que les secondes, & quatre fois plus vistes que les premieres; ensorte qu'il s'en fera maintenant quatre dans un battement d'artere. Poursuivez de mesme, & la mesme chose arrivera toujours en mesme proportion; si bien que quand il ne sera plus possible d'observer, ni de conter les allées & les venuës, vous ne laisserez pas de comprendre que toutes les fois qu'on accourcit la corde de la moitié, ses allées & ses venuës sont doublées.

Au reste, lorsque nous touchons on frappons seulement la moitié d'une corde sonnante, nous observons que le son se fait plus aigu d'une Octave entiere; c'est pourquoy l'on peut dire que la raison pour laquelle ce son est plus aigu que celui de la corde entiere, est que les coups sont doublez dans l'oreille; & parceque le quadruple d'un poids fait, comme il a esté dit, le mesme effet en toute la corde, que le simple poids dans la moitié de cette mesme corde à l'egard de la multiplication des allées & des venuës dans le mesme temps; nous pouvons pour cette raison asseurer que lorsque retenant la mesme longueur de la corde, nous l'élevons par le moyen d'un poids, ou d'une cheville, au son d'une Octave, ses allées & ses venuës sont le double de ce qu'elles estoient auparavant.

Ce que je dis de la moitié de la corde à l'egard de l'Octave, il le faut dire des deux tiers de la corde à l'egard de la Quinte, des trois quarts à l'egard de la Quarte, & ainsi du reste. Car si vous prenez une corde fort longue, & qu'en ayant seulement retranché le tiers an lieu de la moitié, vous frappiez les deux tiers qui restent, la proportion des allées & venuës de ces deux tiers à l'egard des allées, & venuës de la corde entiere, ne sera pas comme deux à un, mais comme trois à deux ; c'est à dire que deux coups ne repondront plus à un battement d'artere, ou quatre coups à deux battemens, mais trois coups repondront toujours à deux battemens : Et si vous retranchez la quatrieme partie de la corde, alors les allées & venuës des trois quarts qui restent, seront à l'egard des allées & venuës de la corde entiere comme quatre à trois, c'est à dire que quatre coups repondront toujours à trois battemens. De mesme si vous retranchez la cinquieme partie de la corde, la proportion sera comme cinq à quatre, si vous en retranchez la sixieme, la proportion sera comme six à cinq, &

ainſi dans les parties qui ſuivent, de maniere qu'il eſt facile de determiner quelle eſt la proportion des coups qui frappent l'oreille en chaque ſon aigu, eu egard à quelque ſon grave que ce ſoit tant des cordes que des autres corps ſonnans.

Car lorſqu'un Enfant chante avec un homme, & qu'il fait un ſon plus aigu d'une Octave toute entiere, nous devons concevoir que le ſoufle, ou l'air qui eſt briſé par ſa Trachée-artere, ou par le petit orifice de l'artere, reçoit des mouvemens qui ſont le double plus viſtes, acauſe que l'artere eſt plus etroite. Ce qui nous doit donner ſujet d'obſerver que plus on veut chanter aigu, plus il faut reſſerrer l'artere, afin que le ſoufle ſorte plus reſſerré, & qu'il ſoit pouſſé & repouſſé plus frequemment dans le canal.

Mais cecy ne pourroit-il point ſervir pour rendre raiſon de cette douceur que nous ſentons des Conſonances; & de cette rudeſſe que nous ſentons des Diſſonances ? Pour en dire quelque choſe en general; toutes les fois que deux ſons qui ſont pouſſez enſemble ſont doux & agreables, je ne voy pas que cette douceur vienne d'ailleurs que de ce que les coups qui font l'un & l'autre son s'assemblent & se joignent en un, frappant l'organe conjointement & en mesme temps comme si c'estoit un mesme son, & sans aigrir par consequent, ni blesser l'organe; & il en est au contraire lorsque les sons sont rudes & desagrables. Pareillement il semble que ces divers degrez de douceur, & de rudesse qui se trouvent dans les sons ne vient que de la diversité de cette jonction, & de ce que ces coups ne s'accordent pas ensemble.

Pour donner un exemple de cecy dans les cordes; prenez-en deux de mesme matiere, qui soient de mesme grosseur, & tenduës par des poids egaux; si vous les faites pareillement egales en longueur, elles rendront des sons tout à fait egaux, & feront cette consonance qu'on appelle, à l'Unison; & cette consonance sera agreable, & ne blessera point l'organe; parceque les allées & venuës de la corde, & par consequent les coups qui se font dans l'organe, estant comme un est à un, puis qu'ils sont pareils en nombre, &

en temps, sont comme s'ils n'estoient qu'un, & affectent l'organe tres uniformement, ou tres egalement.

Que si vous en faites une plus courte de la moitié que l'autre; parce que suivant ce que nous avons dit, il se fera une Consonance que nous appellons Octave, & les Grecs Diapason, cette consonance sera tres agreable; parce qu'encore qu'aprés la jonction de deux coups il y en ait un qui n'est pas accompagné, asçavoir le second coup de la plus courte corde, neanmoins parceque celuy qui suit immediatement se joint aussitost avec le coup de la plus longue, & qu'ainsi la jonction se fait alternativement, il arrive que cette consonance entre dans l'oreille le plus uniformement de toutes aprés l'Unison, & qu'elle est par consequent la plus agreable à l'ouïe de toutes les autres. Faites qu'une corde soit à l'autre comme deux à trois, il se fera une Quinte que les Grecs appellent Diapente, & cette consonāce ne sera pas à la verité si agreable, mais elle le sera neanmoins beaucoup; parce qu'encore qu'il y ait deux coups qui ne sont pas accompagnez, la jonction suit neanmoins dans chaque troisieme, & ainsi la jonction est assez frequente pour flatter d'ailleurs l'organe. Si une corde est à l'autre comme trois à quatre, il se fera une Quarte, ou Diatessaron, & cette consonance ne laissera pas d'estre agreable; parce qu'aprés trois coups qui ne seront point accompagnez, la jonction se fera incontinent dans la quatrieme. En un mot, on doit dire à proportion la mesme chose de la raison de quatre à cinq, de cinq à six, & des consonances composées, telles que sont Disdiapason, Disdiapente & autres; les consonances estant toujours plus ou moins agreables, selon que les coups se joignent plus frequemment, ou plus rarement dans l'organe.

De là naissent les Sons discordans & desagreables toutes les fois que les coups ne se joignent que rarement, ou point du tout; parce que l'organe du sentiment est par ce moyen comme tiraillé perpetuellement çà & là; & si ce tiraillement de parties n'est reparé par des jonctions frequentes qui consolident pour ainsi dire la playe, il faut que l'organe soit comme dechiré, & qu'il souffre cette impression avec côtrainte.

I 5

Cecy nous fait par conséquent connoitre l'artifice par lequel les Musiciens ont coutume d'inserer dans le Chant une Discordance qui soit immediatement suivie d'une parfaite Consonance ; car par ce moyen ils guerissent l'organe blessé, & donnent à l'harmonie une grace qui fait que nous trouvons la consonance plus agreable ; de mesme que la santé nous est plus agreable aprés la maladie, & le calme aprés la tempeste, & il semble que c'est pour cela que l'Octave est plus agreable que l'Unison.

Deux choses restent à examiner. La Premiere, d'où vient que les voix s'emoucent à mesure qu'elles traversent un trop long espace d'air, ou qu'elles passent au travers des lieux fermez, & que de distinctes elles deviennent confuses. La Seconde, pourquoy les voix se font entendre plus clairement, & plus distinctement pendant la nuit que pendant le jour.

A l'egard de la Premiere, quelques Philosophes ont cru que cela arrivoit parce que ces petites masses, ou petites voix en traversant un long espace d'air, ou en passant à travers les cloifons, perdent infenfiblement cette convenance ou reſſemblance mutuelle qu'elles ont dés le commencement, & que les petites parties dont elles ſont formées ſe ſeparent, enſorte qu'elles ne parviennent pas à l'oreille toutes entieres avec la meſme figure, & la meſme contexture qu'elles avoient.

Il y en a d'autres qui ont voulu, & ce ſemble avec plus de probabilité, que la voix ne s'entend ainſi de loin foible, petite, & ſans diſtinction, que parce qu'en ſe repandant de toutes parts, les petites voix deviennent trop rares, & qu'il en parvient trop peu à l'oreille pour affecter, & ebranler beaucoup l'organe : Et la preuve de cecy eſt, que ſi l'on raſſemble dans l'oreille pluſieurs de ces petites voix ſoit avec la main, ſoit avec un cornet, ou par quelque autre artifice, on ne laiſſe pas d'entendre plus fortement, & plus diſtinctement ; neanmoins la premiere raiſon a beaucoup de probabilité, parce qu'il ſemble que la figure des petites maſſes, ou petites voix doit ſe changer, & enfin ſe diſſiper meſme entierement par les diverſes rencontres qu'elles font en traverſant l'air, ou mesme par leur propre impetuosité.

A l'egard du second poinct, Boëtus estime que la froideur de la nuit condense, resserre, & reduit en petites masses les petis corps d'air que la chaleur du jour étend, deploye, & contraint d'occuper plus de place; ensorte qu'il se fait la nuit de certains grands espaces vuides entre ces petites masses par où la voix peut passer librement sans rien rencontrer qui la brise, & l'empesche de parvenir en son entier jusques à l'oreille.

Mais c'est une chose à remarquer que ni Boëtus, ni Aristote mesme qui a plusieurs fois traité cette matiere, n'ont point pris garde que la cause la plus vray-semblable de toutes se doit prendre de ce silence qui regne durant la nuit; parce qu'en effet pendant le jour tous les Animaux, & principalement les hommes, agitent diversement l'air soit en criant, soit en marchant, ou en maniant differemment divers instrumens, & divers corps sonnants, & le remplissent pour ainsi dire d'un certain son confus, au lieu que toutes ces choses cessent pendant

DES QUALITEZ. 205

la nuit, & qu'ainsi la voix passe plus dégagée, & s'entend plus fortement, & plus distinctement : Mais nous traiterons toutes ces choses plus au long dans un autre endroit.

Il suffit icy d'ajouter que le Son n'est proprement Son que dans l'oreille mesme ; car hors d'elle ce n'est autre chose que le mouvement de l'air, ou l'air meu, ou les petis corps d'air transportez, mais qui sont neanmoins figurez d'une telle maniere, & qui vont d'une telle vitesse, que s'ils tombent dans l'oreille, ils meuvent en sorte l'organe de l'oüye que le sens les *perçoit* ou connoit sous cette forme qu'on appelle Son, de la mesme façon, à proportion, que nous avons dit des autres Sens.

CHAPITRE XIII.

De la Lumiere.

NOus parlerons principalement icy de la Lumiere, parce qu'elle est l'essence mesme de la Couleur qui est l'objet de la Veuë dont il nous reste à traiter; & supposant pareillement que l'Organe de la Veuë est certe tunique appellée la Retine qui est dans le fond de l'œil, & dans laquelle le nerf optique se repand en forme d'hemisphere, nous dirons premierement que la lumiere sans laquelle l'on ne peut ni comprendre, ni voir la couleur, semble n'estre autre chose dans le corps lumineux que des corpuscules ou petis corps tres subtils, qui estant formez & figurez d'une certaine maniere, & qui estant ensuite transmis avec vitesse incomprehensible, & receus dans l'organe de la veuë, le peuvent mouvoir, & faire naistre en nous cette sensation que nous appellons voir, ou vision.

J'appelle proprement un corps lumineux, celui dans lequel la lumiere est comme dans sa source, tel qu'est principalement le Soleil, & les Étoiles fixes qui luisent de leur propre lumiere; celui qui luit par une lumiere empruntée, comme la Lune, & les autres Planettes, n'estant pas à proprement parler lumineux, mais illuminé. Je mets encore le feu, & principalement la flamme au nombre des corps lumineux, les vers luisans, les bois pourris, les écailles des poissons, & les autres choses qui luisent la nuit.

Pour ce qui est de la lumiere du Soleil, des autres Astres, & des autres choses, nous en traiterons dans leurs lieux, ne nous attachant icy principalement qu'à examiner en general si cette qualité qu'on appelle lumiere, est telle, qu'afin qu'elle puisse estre transmise du corps lumineux, estre repanduë dans le milieu, mouvoir l'œil, & faire la vision, elle doive estre quelque ecoulement substantiel, c'est à dire quelque contexture corporelle qui sorte du corps lumineux, ou bien quelque autre chose.

Empedocle au rapport d'Aristote croit que la lumiere est un *ecoulement*, & que l'air, l'eau, & les autres corps transparens, ont de petis pores invisibles proportionnez par lesquels se fait le trajet de cet ecoulement jusques à l'œil, afin que la vision se fasse.

Platon a pareillement esté de ce sentiment, & a soutenu particulierement que la couleur n'est autre chose *Qu'une petite flamme decoulante* dont le trajet se fait aussi par des sentiers insensibles. Et pour ce qui est de Lucippe, de Democrite, d'Epicure, & de Lucrece, on ne sçauroit douter que ce n'ait aussi esté leur Opinion.

A l'egard d'Aristote, il est vray qu'il dit expressement que la lumiere n'est ni feu, ni corps, ni l'ecoulement d'aucun corps, mais du reste, il faut avoüer que lors qu'il definit *Que la lumiere est l'acte du transparent en tant que transparent*, c'est s'expliquer fort obscurement; neanmoins, autant que l'on peut conjecturer de ce qu'en ont dit les Interpretes Philoponus, & Simplicius, son sentiment a esté qu'il y a une certaine substance corporelle, & particuliere, repanduë par tout, dont les pores de l'air, & des autres corps transparens sont toujours remplis, & qui sert comme d'instrument au Soleil, pour faire impression sur l'œil qui est eloigné.

Descartes entre les modernes a eu cette mesme pensée, & compare cette substance à une longue verge continuë, & tenduë depuis la surface du Soleil jusques à nos yeux; mais il a cela de particulier qu'il determine la figure des parties de cette substance, les faisant Spheriques avec Democrite, & concevant les rayons comme autant de longues filés de petites boules contiguës, qui se suivent en droite ligne depuis le corps lumineux jusques à nos yeux.

Nous ne nous arresterons pas sur l'Opinion de ceux qui soutiennent que la lumiere n'est qu'un simple accident qui se produit par propagation, & se tire de la puissance du sujet; parce qu'ils ne sçauroient expliquer ce que c'est que cette puissance du sujet; comment dans un sujet si divers la mesme disposition se rencontre toujours par tout, & si promptement; comment une lumiere qui a esté produite est autant capable d'en produire une autre que le corps mesme qui est lumineux; & comment dans un temps imperceptible il se peut faire une si longue suite de productions, veu que dans la moindre longueur d'espace il y a des parties innombrables dans lesquelles la lumiere se devroit produire successivement.

Nous dirons seulement en peu de mots, que nous convenons avec Aristote en ce que depuis le corps lumineux, depuis le Soleil, par exemple, jusques à nos yeux, il doit y avoir quelque chose de repandu qui soit comme l'instrument de la vision ; & nous tenons mesme pour indubitable que ce doit estre quelque chose de corporel ; parceque les rayons de lumiere se reflechissent, ou se courbent, comme nous verrons dans la suite, s'ecartent, ou se rassemblent, deviennent plus forts, ou plus foibles, echauffent, brulent, & resolvent ; ce qui dépend absolument du corps, qui ne se peut attribuer qu'à des corps, & qui ne se peut concevoir que par comparaison aux corps.

Nous concevons aussi avec Democrite, & Descartes, que les premiers principes de lumiere doivét estre spheriques, comme ceux de feu ; parceque la lumiere n'est qu'une flamme tres rare, & tres subtile, ainsi que nous verrons ensuite par le rapport qu'il y a des effets du feu, & de ceux de la lumiere ; & que tout ce qui concerne la reflection, & la refraction de la lumiere s'explique tres commodement avec la figure Spherique, & s'accorde avec ce que nous avons dit ailleurs de la reflection de la bale.

Mais nous sommes differens d'Aristote, & de Descartes en deux choses tres considerables. La Premiere, qu'ils n'admettent point de vuides dans la nature, au lieu que nous soutenons qu'il y en a de repandus dans tous les corps transparens, dans l'air, dans l'eau, dans le verre, & mesme dans le reste des corps sensibles, sans lesquels le mouvement, & l'action de la lumiere seroit impossible, & inconcevable. La Seconde, que nous croyons que la lumiere est un ecoulement de petis corps qui sortent continuellement hors du corps lumineux.

Et ce n'est pas sans des raisons tres considerables que nous embrassons ce party; car en premier lieu, si le Soleil meut cette pretenduë substance d'Aristote par l'endroit qu'elle le touche, il est certain qu'il doit donc luy-mesme estre meu; puisque suivant ce que nous avons dit, rien ne meut qu'il ne soit meu luy-mesme. Et d'autant que le Soleil illumine alentour de luy de tous costez, il est pareillement certain qu'il doit estre meu de tous costez, & qu'il faut par conſequent qu'il s'etende, & qu'il s'enfle, pour ainſi dire, de tous coſtez du centre vers la circonference: Mais parce que s'il demeuroit ainſi enflé & etendu, il ne ſe feroit deſormais aucune motion, il faut de neceſſité qu'il ſe reſerre de la circonference au centre, & qu'ainſi il s'etende, & ſe reſerre inceſſamment, comme s'il eſtoit dans une continuelle, & tres rapide palpitation. Or comme il eſt d'ailleurs inconteſtable que dans le reſſerrement il n'y a pas plus de petis eſpaces au dedans du globe du Soleil, ou entre les coſtez de ſa ſurface concave, qu'il y a de petites parties de corps, & que dans la dilatation il y en a davantage; n'eſt-il pas neceſſaire que dans la dilatation il ſe faſſe de petis eſpaces vuides, ou que dans le reſſerrement il y ait pluſieurs particules dans les meſmes petis eſpaces, ce qu'on appelle proprement pluſieurs corps eſtre en meſme lieu ? Et d'autant que dans le reſſerrement le Soleil ſe retire de cette pretenduë ſubſtance par l'endroit qu'elle le touche, n'y a-t'il pas un eſpace vuide intercepté ? Ou ſi la ſubſtance ſe dilate pour ſuivre le Soleil qui se resserre, ne sera t'il pas necessaire que là où elle se rarefie, il se fasse de petis espaces vuides, ou que là où elle se reserre ensuite, un mesme lieu soit occupé par plusieurs corps?

Il est vray que Descartes taschant de prevenir cette difficulté, dit que la substance du Soleil, ou ces petis corps de son premier Element font effort de tous costez du centre à la circonference, comme lors qu'une petite masse de verre est soufflée par un Verrier; neanmoins il dit aussi que la force de la lumiere ne consiste pas dans quelque durée de mouvement, mais seulement dans la pression, ou dans la premiere preparation au mouvement, bien que peuteste le mouvement ne s'en ensuive pas. Car il pretend par ce moyen qu'il n'est pas necessaire que le Soleil se dilate, & se resserre, en ce que le Soleil ne se dilate veritablement pas, ni n'avance pas, mais demeure toutefois toujours preparé pour faire, & que par cette seule preparation la substance qui luy est contiguë est pressée, & meuë.

Mais si le Soleil demeure dans la premiere preparation au mouvement,

& que le mouvement ne la suive pas, peut-on comprendre comment il puisse presser la chose qui luy est contiguë, ou comment il luy imprime du mouvement ? Car tant que le Soleil demeurera dans le mesme estat, & qu'il ne se mouvra point du tout, ou sera seulement dans la premiere preparation pour mouvoir, la substance qui l'environne demeurera aussi dans le mesme estat, dans la premiere preparation pour estre meuë, & ne sera jamais contrainte de changer de lieu, si l'on n'admet donc pas du vuide dans le Soleil, il ne semble pas possible que ce mouvement convienne au Soleil, qui est toutefois necessaire pour mouvoir, ou presser, & pousser la substance qui l'environne.

J'ajoute que cette substance qui est repanduë dans les pores du corps transparent, tel qu'est l'air, ne sçauroit estre meuë par le Soleil qui la touche, que ce mesme corps poreux ne soit meu avec elle, & avec la mesme rapidité, puisque le Soleil touche egalement l'un & l'autre par sa surface, & que ne supposant aucuns petis vuides, tout est autant contigu avec le Soleil, que les parties du corps poreux le font entre elles ; ou difons plutoft, que ni Soleil, ni la fubftance repanduë dans les pores de l'air, ni l'air mefme, ne fe pourroit en aucune façon remuër ; puifque n'y ayant aucuns vuides, il n'y auroit rien qui puft ceder, ni lieu où aucun corps fe puft retirer, & que tout ne feroit qu'une maffe folide, inflexible, & immobile, comme il a efté montré ailleurs.

De plus il femble qu'on doit icy raifonner fur ce qui touche la veuë, de la mefme façon que l'on fait à l'egard des autres Sens ; & que comme l'Odeur ne fe produit point par un preffement de petis corps qui foient auparavant dans l'air, & hors de la chofe odoriferante, telle que peut eftre une pomme, mais plutoft par l'emiffion d'une exhalaifon tres fubtile, ou de petis corps qui fluent continuellement de la pomme, & paffent jufques aux narines ; ainfi la Lumiere ne doit point eftre produite par le preffement de quelque fubftance qui foit repanduë hors du corps lumineux, mais par le moyen de quelque fubftance qui foit envoyée par le lumineux mefme.

Et cecy semble presque indubitable à l'egard des corps lumineux ordinaires, tels que sont nos feux ; il faut seulement prendre garde à ce que nous avons insinué ailleurs, ascavoir que la lumiere qui est repanduë dans l'air n'est qu'une flamme tres rare, ou qu'un certain feu tres delié, & tres subtil ; & que comme nous concevons que la vapeur n'est que de l'eau dispercée en gouttes tres petites, en ce qu'elle n'a besoin d'autre chose sinon que les petites gouttes soient ramassées ensemble pour devenir une masse sensible, pour humecter, & en un mot pour paroitre ce qu'elle est, c'est à dire de l'eau; de mesme nous concevons que la lumiere n'est autre chose qu'un feu rare, diffus & repandu en rayons tres subtils, en ce qu'il ne faut que rassembler ces petis rayons pour luy donner de la force, pour qu'elle puisse echauffer, & puisse faire paroitre ce qu'elle est, c'est à dire du feu : D'où l'on doit cependant inferer qu'il n'y a aucune difference entre les petis corps de lumiere, & de feu ; & ce d'autant plus qu'il est constant que plus la lumiere s'eloigne du corps lumineux, & devient

conse

DES QUALITEZ. 217

conſequemment plus rare, plus la chaleur s'affoiblit, & moins elle eſt ſenſible. Il faut ſeulement, diſ-je, prendre garde à cecy ; car du reſte ſi vous ſuppoſez qu'en Hyver lors qu'il gele, l'on ait allumé en plein air un grand feu dont la chaleur ſe ſente de dix pas loin ; pourrez-vous vous imaginer qu'il ne ſorte rien de la flamme, & qui ne s'en ecoule pas quelque choſe qui vienne toucher le ſens, mais que la flamme meut ſeulement l'air, ou, comme parle Philoponus, la chaleur *innée* dans l'air, qui ſoit la meſme avec cette ſubſtance, ou ces petis corps repandus dans les pores de l'air, qui par une motion continuée juſques à quelque pas faſſe naiſtre dans l'œil le ſentiment de lumiere, & dans les joües, ou dans la main celuy de chaleur ?

Certes, ſi la cauſe de la chaleur eſt de cette maniere là dans l'air, & que l'air n'ait beſoin d'autre choſe que de mouvement pour devenir chaud, & echauffer ; d'où vient cependant que l'air avec toute cette chaleur qu'il contient, eſtant agité avec un eventail, ou pouſſé par quelque furieux vent de Nord, ou chaſſé de grande force avec des soufflets, devient froid, refroidit tellement toutes choses, & ne s'echauffe nullement ? Car bien que ce mouvement ne soit pas si rapide que doit estre celuy qui est requis pour l'emission de la lumiere & de la chaleur, on devroit toutefois à proportion du mouvement sentir quelque peu de chaleur, ou tout au moins ne devroit-on pas sentir du froid.

D'ailleurs, puisque la flamme ne pousse pas l'air sensiblement, & qu'au contraire l'air pousse sensiblement la flamme, accourant avec presse de tous costez pour la resserrer & la chasser, ensorte que nous sentons du froid par ce cours ou mouvement de l'air vers la flamme, il semble que nous experimentons que l'air porte plutost le froid vers la flamme, qu'il n'amene la chaleur de la flamme vers nous.

De plus s'il est vray que la flamme echauffe, & brusle aussi-bien les choses qui sont au dedans d'elle, que celles qu'on luy met proche ; il est vray-semblable qu'elle ne fait pas cela par les corpuscules qu'elle tire de l'air qui l'environne, mais plutost par ceux qu'elle contient en elle-mesme, ceux, dis-je, qui ont esté tirez du bois, de la cire, de la graisse, ou de quelque autre chose semblable. Or pourquoy ces mesmes corpuscules qui sortent, & jaillissent avec une grande impetuosité de la flamme, c'est à dire de ce meslange de fumée, & de lumiere, ne seront-ce pas les mesmes qui passent par les petis espaces vuides de l'air, & qui illuminent tout ce qu'ils rencontrent, & echauffent plus ou moins, selon qu'ils sont ou moins rares, ou plus rares ? Car l'air peut bien par sa corpulence arrester, & faire monter vers le haut les petis corps de fumée les plus grossiers, mais non pas arrester les petis corps de lumiere qui sont tres subtils, & tres mobiles, & les empescher qu'ils ne s'echappent par les vuides, ainsi que nous avons dit, & dirons encore cy-aprés.

Puis qu'il est donc vray-semblable que ce par quoy la flamme illumine, & echauffe une chose eloignée doit absolument estre quelque chose qui procede, & se detache de son corps, & estre consequemment cet ecoulement corporel des Anciens ; il y a sujet de croire qu'il en est le mesme du Soleil, &

K 2

des Astres qui luisent par leur propre lumiere. Et en effet, soit qu'une lumiere repanduë dans l'air, provienne du Soleil, ou de quelque flamme commune, sa nature se trouve estre la mesme, en ce qu'elle illumine & echauffe, qu'elle se reflechit, & se courbe, & qu'elle s'assemble, & s'ecarte de mesme maniere, & devient de mesme plus forte, & plus foible : C'est pourquoy, il semble que l'origine tant de la lumiere du Soleil, que de celle du feu doit estre la mesme, & que comme le feu pousse hors de luy-mesme, & darde des corpuscules qui estant dans l'air sont la lumiere mesme, de mesme aussi le Soleil en doit pousser, & darder hors de luy-mesme.

Mais il se presente une difficulté qui est plus facile à prevenir par la premiere Opinion que par celle-cy. Car l'ecoulement corporel estant continu, il tire apres soy cet inconvenient, qui est que l'on ne voit pas pourquoy le Soleil ne se doive pas enfin consumer, ou plutost pourquoy ayant souffert une perte continuelle depuis le commencement du Monde, il ne se soit deja pas depuis long-temps dissipé.

C'est une difficulté que nous serons obligez de traiter lorsque nous parlerõs de la lumiere des Astres, cependant nous pourrons supposer, ce qui se comprendra plus clairement de ce que nous dirons ensuite de la subtilité des images ou especes visibles, asçavoir que le Soleil a toujours perdu quelque chose de sa substance, qu'il en perd continuellement, & qu'il en pourra toujours perdre de mesme sans que la perte en soit sensible, ou se doive reconnoitre si ce n'est apres une longue suite de siecles; car sans m'arrester à ce que l'on dit, que le Soleil est d'une substance toute particuliere, son eloignement peut estre si grand, & sa masse si prodigieuse, que quand il se seroit dissipé de son circuit autant de matiere qu'il seroit necessaire pour que son diamettre devint plus court de cinq cent lieuës qu'il n'est, on ne s'appercevroit pas qu'il eust aucunement diminué : Et l'on peut ajouter que si le Soleil perd quelque chose d'un costé, il le repare entierement, ou à peu pres d'un autre, non seulement par la lumiere qui luy vient des Planetes par reflection, comme par une espece de reflux, mais principalement par celle qui luy vient directement d'un nombre innombrable d'Etoiles fixes, qui sont comme autant de Soleils qui se communiquent leur lumiere entre-eux, & avec luy ; mais comme j'ay dit, cecy se traitera plus au long dans son lieu.

Qu'il suffise maintenant de reconnoitre que la lumiere qui est repanduë dans l'Air, & dans les autres corps diafanes, de quelque façon qu'elle vienne du corps lumineux, est une chose corporelle, & qu'elle doit estre conceuë comme une infinité de files de petis corps spheriques que nous appellons rayons, & qui sont comme autant de petites verges d'eau tenduës depuis le corps lumineux jusques à nous. Je dis comme autant de petites verges d'eau tendues, & je me sers ordinairemēt de cette comparaison : Car comme une verge d'eau ne se fait roide & tenduë que parceque les parties qui sont sorties les premieres sont d'une telle maniere poussées par celles qui suivent, qu'il ne leur est pas permis de tomber à bas, mais sont contraintes de continuer leur file en avant ; ainsi les rayons de lumiere ne sont dirigez, & comme tendus, que parceque les petis corps qui precedent sont poussez par les suivans avec une telle rapidité qu'ils ne se peuvent detourner, mais sont contraints de continuer leur mesme route.

La justesse de cette comparaison paroit en ce que, comme du moment que l'on bouche les petis tuyaux d'un jet d'eau, toute l'eau qui venoit de sortir tombe à bas ; de mesme du moment que le corps lumineux est couvert, ou que l'on bouche un trou par où les rayons estoient transmis quelque part, les rayons tombent aussitost, & ne peuvent plus continuër leur file de la mesme maniere. Je dis de la mesme maniere ; car bien qu'ils ayent leur mobilité *innée*, ils n'ont neanmoins plus cette rapidité,& direction que le corps lumineux leur imprime ; veu que cette direction ne peut subsister que par le pressement de ceux qui suivent : Et certes la chaleur qui demeure dans ce lieu apres la cheute des rayons nous fait d'ailleurs connoitre qu'ils retiennent quelque mouvement ; puisque cette chaleur semble ne venir que de l'agitation des petis corps qui ont resté, laquelle bien qu'elle ne soit pas assez grande pour exciter l'œil à voir, est toutefois capable de mouvoir la peau pour sentir la chaleur, jusques à ce qu'elle soit emoussée, & empeschée par la lenteur des petis corps de froid.

Or parceque les rayons qui procedent du corps lumineux sortent veritablement tres serrez, & que cependant comme ils se repandent en rond, ils s'eloignent toujours peu à peu les uns des autres comme des lignes qui se tirent d'un mesme centre vers la circonference, cela est cause que plus la lumiere s'eloigne de sa source, plus elle devient foible & debile ; les rayons ne se trouvant plus si epais, ni si pressez dans un lieu qui est fort eloigné.

Cependant il faut remarquer, qu'encore que la lumiere qui est en plein air, ou particulierement dans une Sale bien eclairée, semble estre quelque chose de fort en repos, elle est neanmoins en effet dans une mobilité tres grande, comme n'estant proprement qu'un tissu, & un lacis d'un nombre innombrable de petis rayons entremeslez qui traversent la Sale de tous costez sans aucune interruption ; ensorte qu'en quelque part que se trouve l'œil, il voit toujours quelque objet, sçavoir est celuy-là d'où luy viennent directement plusieurs rayons qui l'atteignent, & qui passent entre un nombre infini d'autres qui ne l'atteignent pas.

Car il faut pareillement remarquer que nous ne voyons pas la lumiere qui est dans le milieu, je veux dire dans l'air, mais bien l'objet qui est au delà du milieu, & d'où les rayons sont en dernier lieu reflechis à l'œil ; de sorte que si quelquefois il nous semble que nous voyons quelque chose dans le milieu, ce n'est pas la lumiere mesme que nous voyons, mais quelque chose de plus grossier, comme peuvent estre les petis corps de poussiere, de vapeur, de fumée, ou d'autres choses semblables qui nous renvoyent les corpuscules de lumiere qu'ils ont receus d'ailleurs.

Je ne m'arresteray pas à vous dire que plus la lumiere souffre de reflections, plus elle s'affoiblit, non pas que chaque rayon ne soit toujours egalement tendu, & egalement vigoureux, mais parce qu'acause de cette inegalité de superficie dont nous avons parlé, il y a toujours quelques rayons qui se detournent de part & d'autre; si bien qu'il n'y a aucune superficie qui renvoye autant de rayons qu'elle en a reçeu à la superficie qui luy est opposée ; d'où vient consequemment que l'œil n'en recevant point tant il est ebranlé plus foiblement, & sent la lumiere plus foible.

Nous devons plutost, ce semble, nous arrester sur une chose qui peut d'ailleurs estre prise pour un Paradoxe; qui est que la lumiere d'epend tellement de l'œil, que s'il n'y avoit aucun œil, ou qu'on n'en tint aucun ouvert, il n'y auroit aucune lumiere, pas mesme en plein midi, ni aucune splendeur telle qu'est celle que nous appercevons lorsque nous ouvrons les yeux vers le Ciel, & que nous regardons cette belle face des choses ; quoy que cecy se doive entendre par parité de raison de ce qui a esté dit à l'egard des qualitez qui sót l'objet des autres sens, & qu'on puisse mesme, ce semble, le faire voir en peu de mots par cette seule Experience.

Faites un trou de mediocre grandeur dans la muraille d'une chambre, & un autre un peu plus grand vis à vis dans la muraille opposée. Si quelqu'un en plein-minuit approche par le dehors un flambeau au plus petit trou, ensorte que tous les rayons qui ont passé au travers du trou de la chambre soient receus dans le trou opposé, & passent aussi au travers : Croiriez-vous que la chambre demeurera aussi obscure que si aucun rayon, ou aucune lumiere n'y passoit ? Cependant comme cette poignée de rayons qui passent par la chambre a de quoy illuminer non seulement un ais qu'on mettroit en dehors au delà du plus grand trou, mais encore l'espace d'alentour ; je vous demande d'où vient toutefois que si cependant vous demeurez dans la chambre vous ne voyez point les rayons, mais que cet espace par où ils passent vous paroit aussi obscur & tenebreux que le reste où il n'y a aucun rayon ? Ce n'est certes que parce qu'aucuns de ces rayons ne sont portez à vostre œil, ni ne le frappent, & que la vision ne se fait que sur cet objet duquel il vient quelque rayon jusques à l'œil qui le meut & l'excite : Et qu'ainsi ne soit, opposez vostre main, un ais, ou ce qu'il vous plaira, à cette poignée de rayons qui passent; parce qu'il y en aura pour lors quelques-uns qui seront reflechis vers vostre œil, & ainsi vers plusieurs autres parties de la chambre d'où il en retournera pareillement quelques-uns vers vous, vous verrez comme la chambre sera eclairée, & vous appercevrez la lumiere qui y sera repanduë. Cela estant, ne doit-on pas comprendre de là qu'il peut y avoir quelque part des rayons, ou de petis corps qui soient veritablement capables de causer la lumiere, mais qui ne sont neanmoins pas la lumiere mesme complete & parfaite, & ne sont point censez rendre l'espace dans lequel ils sont eclairé s'il n'y a quelque œil, & que de cet espace il ne luy vienne des rayons qui le frappent.

Et ce qui arrive au dedans d'une chambre, peut arriver dans tout l'espace de l'air qui s'etend jusques au Ciel : Car lorsque vous regardez le

DES QUALITEZ. 229
Ciel dans une nuit claire, & serene, les tenebres vous semblent estre egalement repanduës sur l'Horizon, quoy qu'excepté le Cone de l'ombre de la Terre, ces espaces immenses soient egalement traversez par les rayons du Soleil que lorsque vous avez le Midi, & cependant par la mesme raison il ne vous paroit point de difference entre cet espace où sont les tenebres de la Terre, & ces autres dans lesquels les rayons du Soleil sont en abondance.

De mesme, lorsque la Lune nous cache entierement le Soleil, les tenebres ne se font alors qu'alentour de nous, & autant que le Cone de la Lune prend d'ombre ; mais quoy qu'il soit Midi, tous ces espaces qui s'etendent vers le Ciel sont egalement tenebreux, ensorte qu'on voit les Etoiles au delà.

Et mesme ceux qui sont en plein Midi dans un puits tres profond decouvrent les Etoiles comme pendant la nuit, & ils ne font point de difference entre ces espace tenebreux qui les environne, & celui qui est sur la superficie de la Terre, lequel cependant paroit si beau & si admirable à ceux qui sont hors du puits; d'où l'on peut voir que la lumiere s'accomplit dans l'œil, & devient cette qualité que nous entendons par ce mot de lumiere : Il est vray que sans l'œil il y a de petis corps capables de produire cette lumiere, mais ils ne sont pas lumiere complete, quoy qu'ils soient aussi censez & dits lumiere à raison de l'effet qu'ils produisent dans l'œil.

Et parceque tout le monde n'est pas d'accord que cette lumiere, ou ces rayons lumineux soient de petis corps, ou des files de petis corps, & pour dire en un mot, que la lumiere soit corps, ou comme on parle ordinairement, une Entité corporelle, il nous reste à prouver cette verité faisant voir, ce que nous avons deja insinué, qu'il y a des choses qui convienent à la lumiere qui ne scauroient convenir qu'au corps. La Premiere est le mouvement Local en general ; puis qu'il est constant qu'il est porté (ou du moins agité) quelque chose depuis le corps lumineux jusques à l'illuminé. Car comme rien ne scauroit agir sur une chose eloignée qu'en transmettant, ou mouvant quelque chose dans le milieu qui est entre-deux, & que rien ne peut estre transmis, & meu par un milieu s'il n'est corps, il est certes constant que lorsque le corps lumineux agit sur une chose eloignée, il transmet & meut quelque chose qui est corps ascavoir la lumiere.

La Seconde est le mouvement de Reflection : Car de mesme qu'une Bale rejaillit de la muraille contre laquelle elle frappe, parce qu'estant corps elle ne peut pas passer par un lieu qui soit occupé par un corps ; ainsi il ne semble pas qu'un rayon puisse estre renvoyé par un corps qu'il rencontre, si ce n'est que par sa corpulence il occupe un lieu, & que le rayon estant aussi luy-mesme corporel, il ne le peut pas occuper.

Mais pour mieux concevoir cecy, il ne faut que se souvenir de ce qui a esté dit plus haut, lorsque nous traitions de la transparence, & de l'opacité. Car cette Experience d'un verre mince qui estant opposé au Soleil laisse passer une partie des rayons au papier qu'on a mis derriere, & en reflechit une partie à celuy qu'on a mis devant, est une preuve convaincante que les rayons sont des corps tres petis, dont ceux-là qui tombent dans les petis pores vuides du verre passent outre, & ceux qui tombent sur les petis corps du verre se reflechissent.

De la maniere dont se fait la Reflection, & la Refraction de la Lumiere.

LA maniere dont se fait la Reflection de la lumiere, & des rayons se peut entendre de ce qui a esté dit de la reflection d'une Bale. Car supposez que le rayon ne soit autre chose qu'une file ou une suite de petis corps spheriques, comme nous avons dit ; il est evident que tout ce qui a esté dit de la Reflection de la bale se peut dire de chaque petit globe en particulier ; parce qu'il est comme une petite Bale qu'on jette sur un corps reflechissant, & que ce qui arrive à l'un, doit arriver à tous les autres qui s'entresuivent comme une file de petites perles.

D'ailleurs il faut pareillement concevoir que dans chaque petit globe il y a non seulement un centre de grandeur, mais encore une espece de centre de pesanteur selon laquelle l'impetuosité de la projection doit estre conceuë. Qu'il y a mesme un petit axe en ligne de direction de cette impetuosité, ou comme une petite fibre tenduë qui passe par le centre. Qu'il y a de plus de petites fibres paralleles à l'axe, lesquelles lorsque le petit globe tombe directement sur un plan, & qu'il le frappe par l'extremité de son axe, retournent avec luy par la mesme route qu'elles sont venuës, ce qui est cause qu'estant tombées à angles droits elles reflechissent de mesme : au lieu que si le petit globe tombe obliquement, ces mesmes fibres touchant premierement le plan, partie en deça de l'axe, & ensuite partie au delà, roulant ainsi, & s'inclinant jusques à ce que le globe ayant autant roulé ou tourné au delà de l'axe qu'au deça, elle s'envolent avec luy d'une telle maniere que l'angle de Reflection soit aussi grand qu'a esté celuy d'Incidence.

Or j'ajoute à raison de ce mot que je viens de dire du rayon perpendiculaire, que si le Soleil estoit fixe & immobile, & ne tournoit point ni alentour de luy-mesme, ni dans le Ciel (& si la flamme pareillement n'estoit point dans un mouvement perpetuel) il faudroit concevoir le rayon perpendiculaire non pas dans un flux continuel, mais dans un effort continuel; parceque comme il ne sçauroit pas penetrer en luy-mesme en retournant, il demeureroit entierement roide & tendu entre le Soleil & le poinct auquel il seroit dirigé; ce qui n'arrive pas maintenant que le Soleil se meut continuellement; d'où vient que quoy que la reflection se fasse selon la mesme ligne perpendiculaire eu egard au sens, l'on doit neanmoins concevoir que cela se fait effectivement avec quelque petit detour; ensorte que le rayon reflechy n'est point absolument le mesme avec le direct, mais seulement contigu, ou tres proche de luy.

La Troisieme chose qui convient à la lumiere, d'où nous tirons encore une preuve que la Lumiere est un corps, c'est le mouvement de Refraction. Car toutes les fois qu'un rayon tombe obliquement d'un milieu diafane plus rare dans un plus dense, comme de l'air dans l'eau, ou dans le verre, ou qu'il sort d'un plus dense dans un plus rare, comme de l'eau, ou du verre dans l'air ; il arrive que ce rayon qui tendoit tout droit du Soleil vers l'eau, est courbé, ou comme on dit, souffre refraction, & se rompt à la superficie de l'eau, & que faisant là un angle en forme de coude, il passe ensuite droit au fond ; ce qui arriveroit encore à l'egard d'un rayon qui viendroit du fond de l'eau lors qu'il parviendroit à la superficie, & qu'il trouveroit la liberté de l'air. Or qui est celuy qui comprendra que le rayon puisse estre courbé ou rompu de la sorte, si ce n'est un corps qui par la rencontre d'un autre corps soit contraint de se detourner de son chemin ?

Quant à la Refraction, pour expliquer la maniere dont elle se fait, il faut reprendre ce que je disois tout maintenant, sçavoir est que le Verre, l'Eau, & tout autre corps diaphane de la sorte est tissu de telle maniere que les petis corps, & les petis pores vuides se suivent alternativement l'un l'autre, ensorte qu'il n'y a aucun poinct sensible dans lequel on ne concoive plusieurs petis corps, & plusieurs petis espaces vuides entremeslez. Car par ce moyen nous pouvons donner raison de cette experience qui nous enseigne qu'entre les rayons que le corps lumineux, par exemple, le Soleil envoye obliquement sur de l'eau, ou sur un verre, il y en a quelques-uns qui se reflechissent, & quelques-uns qui sont rompus, ou souffrent refraction ; & nous pouvons dire que comme ceux-là qui tombent sur des petis corps sont reflechis hors de l'eau, ainsi ceux qui tombent dans des petis pores vuides, souffrent refraction en entrant dans l'eau.

Remarquez que je dis, & repete obliquement ; parceque de mesme que le rayon qui tombe directement ou perpendiculairement sur un petit corps est reflechy directement, ou perpendiculairement, c'est à dire selon la mesme ligne (du moins eu egard au sens) ainsi lors qu'il en tombe directement quelqu'un dans un petit pore, il passe tout droit, & sans se rompre au travers de l'eau, ou du verre ; & comme le premier ne fait aucun angle d'incidence, & de reflection, de mesme ce dernier n'en fait pareillement aucun de refraction; d'ou l'on comprend que si le Soleil estoit au poinct vertical, ou directement sur le pole de l'horizon de l'eau, comme il n'y auroit aucuns angles de reflection, aussi n'y en auroit-il aucun de refraction, parce qu'il arriveroit que tous les rayons ou seroient reflechis directement, ou penetreroient dans l'eau sans refraction, ce que nous experimentons toutes les fois que nous exposons un verre plane directement au Soleil: Mais lors que l'un & l'autre rayon tombe obliquement, il arrive que comme celuy-là est reflechi à certains angles, celui-cy est pareillement rompu à certains angles, & ces angles sont plus, ou moins grands selon que l'obliquité est plus, ou moins grande.

Tout cecy supposé, si nous voulons concevoir la maniere dont se fait la Refraction, & pourquoy elle est tantost plus grande, & tantost plus petite; il faut prendre un petit globe de lumiere, parceque ce qui se dira encore icy d'un seul s'entendra de tous les autres, & de tout le rayon. Lors donc qu'un petit globe vient droit du Soleil sur l'eau, il est porté de telle maniere selon l'axe ou la ligne d'impetuosité, & selon les petites fibres qui luy sont paralleles qu'avant que l'axe de ce petit globe soit parvenu au milieu du petit pore, la petite fibre qui est en dessous, ou du costé de l'eau, frappe le petit costé du bord, ensorte qu'il se fait ainsi un obstacle qui fait que le petit globe ne peut pas avancer si viste selon cette partie par laquelle il touche le bord, que selon toute l'autre partie dans laquelle est l'axe. Et parceque l'impetuosité de l'axe est plus grande que ce retardement, & l'emporte sur luy, il arrive veritablement que l'axe avance, mais qu'il est cependant contraint de tourner ou de s'incliner durant que cette partie qui touche le bord roule en quelque façon, & avance plus lentement sur ce petit costé qu'elle touche, & qui luy sert d'apuy. Et parce que d'ailleurs il y a de petis pores, & de petis passages vuides & droits au dedans de l'eau, comme il a esté expliqué en son lieu par l'exemple d'un broüillar au travers duquel passent les rayons du Soleil; il arrive ensuite que le petit globe tourné & incliné, ou courbé de cette maniere prend & continuë sa route par ce petit pore auquel il aura esté determiné par ce tournement ou inflection qui s'est fait. Et c'est de cette maniere que le petit globe de lumiere, & consequemment tout le rayon semble se rompre, & se courber, ou souffrir refraction, lorsque d'un milieu plus rare il tombe dans un plus dense. Et cette reflection est dite se faire vers le rayon perpendiculaire, en ce que si vous concevez un rayon, ou une ligne qui vienne directement du poinct vertical à ce mesme orifice du pore, & passe droit au fond, le rayon qui souffre refraction se courbe vers cette ligne.

Pour ce qui est de cette Refraction qui arrive lorsque le petit globe sort d'un milieu plus dense dans un plus rare, elle se fait par une mesme cause renversée : Car supposez que le mesme petit globe de lumiere retourne du fond par le mesme pore à la mesme entrée, l'extremité de l'axe, & une partie des petites fibres qui sont en dessus, ou du costé de l'air trouve plutost la liberté de l'air, que celles qui sont dans la partie du globe qui est en dessous, parceque ces dernieres rasent encore l'eau, ou l'extremité de l'entrée du petit pore. Partant la partie dans laquelle est l'axe avance veritablement, mais parceque l'autre partie qui reste ne peut pas aller si viste a cause de ce retardement qui se fait pendant qu'elle roule sur le bord du petit pore, l'axe pour cette raison est contraint de s'incliner vers elle. Or il est visible que l'inflection ou refraction se fait pour lors en s'eloignant de la perpendiculaire, c'est à dire de la ligne qui tend de l'entrée de ce mesme petit pore droit au poinct vertical, & qu'ainsi le rayon tient le mesme chemin en passant d'un milieu plus rare dans un plus dense, & d'un plus dense dans un plus rare : Et il est encore visible que si à proportion que l'obliquité de l'incidence est plus grande l'angle de refraction est aussi plus grand, cela ne vient que de ce que ce roulement estant plus long, & par consequent plus retardant, l'essieu qui cependant avance toujours, ne peut qu'il ne soit davantage flechi & incliné.

Tout ce que nous avons dit jusques à

à present de la Reflection, & de la Refraction semble veritablement supposer que la superficie sur laquelle tombent les rayons soit plane, neanmoins la mesme chose se doit entendre à proportion tant de la concave que de la convexe. Or c'est une chose connuë qu'il n'en est pas de la Reflection comme de la Refraction, en ce que la refraction demande toujours la superficie d'un corps qui soit transparent, au lieu que la Reflection se fait encore sur un corps opaque, comme pourroit estre un marbre, ou du metail ; & l'on sçait mesme qu'elle se fait d'autant plus abondamment qu'il y a moins de petis pores par où les rayons puissent passer.

Pour ce qui regarde donc precisement la Reflection. Si vous supposez que le corps reflechissant, de quelque matiere qu'il puisse estre, soit Concave, tourné en forme de Sphere, & opposé à un corps lumineux, par exemple, au Soleil ; il y a pour lors un rayon qui tombant dans le centre ou dans le milieu du corps concave, est dirigé de maniere qu'il se reflechit par la mesme ligne ou à peu pres, & qui passant par le centre de la concavité est aussi appellé perpendiculaire ; & les autres rayons tombent de telle maniere çà & là sur la concavité, que la reflection se fait vers le perpendiculaire : Et la cause de cecy est, que bien qu'en apparence toute la superficie soit extremement polie & egale, comme lors qu'on en fait un miroir, elle est neanmoins, comme nous l'avons dit, toute grenée, tres inegale, & tissuë des petis sommets des petis grains qui sont comme des poincts d'où l'on conçoit que la Reflection se fait, & qui sont tous de telle maniere tournez vers le centre, qu'ils reflechissent les rayons au dedans, & vers la perpendiculaire.

Que si au contraire vous supposez une superficie Convexe ; parce qu'elle est de mesme toute grenée, il arrive que comme il n'y a qu'un seul petit sommet qui soit directement opposé au Soleil, il n'y a aussi qu'un seul rayon qui soit reflechi vers luy, sçavoir est celuy qui tombe directement sur ce sommet, & qui tendant vers le centre de la convexité est appellé perpendiculaire, & que tous les autres petis sommets estant tournez vers un autre endroit, ils reflechissent aussi vers un autre endroit les rayons qui tombent sur eux, & les detournent du perpendiculaire.

Pour ce qui est de la Refraction. Si le corps transparent est Concave & spherique; parce que sa superficie est pareillement aspre & inegale, & qu'ainsi entre chacun des petis sommets voisins il se trouve l'orifice d'un petit pore par où le rayon qui tombe peut passer, il arrive aussi que l'orifice ou entrée d'un de ces petis pores se trouvant dans le centre directement opposé au Soleil, le rayon qui passe par le centre de la concavité, & qui est dit perpendiculaire passe outre tout droit, & sans aucune refraction : Et parceque les autres petites entrées sont de telle maniere ouvertes vers la concavité qu'elles ne regardent pas directement le Soleil, il arrive que chaque petit globe du rayon qui tombe, touche le petit costé de l'ouverture qui est plus eloigné du centre, & plus proche du Soleil, & le rase par quelques-unes de ses petites fibres, cependant que l'essieu est encore comme dans le vuide, & qu'ainſi l'Inflection ou l'Inclination ſe fait de ce coſté-là; ce qui eſt cauſe que le rayon paſſe en ſe detournant du centre, & s'éloignant de la perpendiculaire.

Que ſi la ſuperficie eſt Convexe, il n'y a pareillement qu'un ſeul rayon perpendiculaire, ſçavoir eſt celuy qui entre dans la petite ouverture qui luy eſt directement oppoſée, & qui paſſe droit ſans aucune Refraction par le centre de la convexité: Et parceque les autres orifices ſont ouverts vers d'autres endroits, il arrive pareillement que chaque petit globe du rayon qui tombe touche le petit coſté de l'ouverture qui eſt plus proche du centre de la convexité, & plus proche du Soleil, & le raſe par quelques-unes de ſes petites fibres, cependant que l'eſſieu eſt encore comme dans le vuide, & qu'ainſi l'Inflection ou l'Inclination ſe fait de ce coſté-là, ce qui eſt cauſe que le rayon paſſe ſe detournant vers le centre, & s'approchant de la perpendiculaire. Et de tout ce-cy l'on entend que ſi les miroirs ardens ſont opaques ils doivent eſtre Concaves, & qu'au contraire s'ils sont diaphanes ils doivent estre Convexes.

Nous pourrions icy rapporter plusieurs autres choses touchant la Lumiere, mais elles regardent principalement l'Optique, & s'y trouvent clairement expliquées, comme estant fondées sur des demonstrations incontestables: C'est pourquoy nous-nous contenterons de repondre aux objections qui se font d'ordinaire contre la corporeité de la lumiere.

L'on dit en premier lieu, que si l'air, l'eau, le verre, & tout ce qui est transparent estoit corps, & que la lumiere le fust aussi, il s'ensuivroit que deux corps seroient dans un mesme lieu. Pour repondre à cette difficulté, il ne faut que se souvenir de ce que nous avons dit lorsque nous avons traité du vuide, & de la transparence; sçavoir est que tout ce qui est transparent, outre les petis corps dont il est composé, a de petis pores interceptez, ou de petis chemins vuides par où entrent & penetrent les petis corps de lumiere, sans qu'il y ait aucun danger qu'ils se trouvent dans les mesmes petis lieux particuliers dans lesquels sont les petis corps du transparent; ensorte que les petis rayons de lumiere ne sont pas confondus dans l'air, & ne s'unissent pas ensorte qu'ils deviennent une simple entité de lumiere; mais ils conservent leur distinction, & passent par de petis lieux, ou petites routes distinctes, & separées.

En effet, est-il croyable que les rayons du Soleil qui traversent l'air, soient tellement proches les uns des autres, ou mesme contigus, qu'il ne reste encore de petis chemins par lesquels il en passeroit d'autres si l'on ajoutoit plusieurs Soleils? Et ne voit-on pas comme un miroir ardent rassemble, & rapproche tellement les rayons du Midy, que ceux qui sont repandus dans un espace d'un pied, sont reduits & rassemblez dans l'espace d'un pouce, & bien moins encore?

Il en est apparemment des rayons comme des fils qui bien que resserrez en un lieu fort etroit, ne laissent pas d'y conserver, & d'y occuper chacun leur petit lieu particulier; & une marque de cecy est, que comme les fils demeurent autant distincts au delà d'un lien, qu'ils le sont en deça, ainsi les rayons sont autant distincts au delà du concours ou foyer, qu'ils le peuvent estre en deça, en ce qu'apres qu'ils se sont croisez, on reconnoit que ceux qui sont à la droite sont les mesmes que ceux qui estoient à la gauche, & que ceux qui sont en haut, sont ceux-là mesme qui estoient en bas, & ainsi des autres au contraire.

L'on nous objecte en second lieu, que la lumiere se meut en un moment depuis le Ciel jusques à la Terre, depuis l'Orient jusques à l'Occident, & que cependant aucun corps ne se peut mouvoir que dans une durée successive. Nous pouvons repondre probablement que le mouvement de la lumiere se fait veritablement dans un temps tres court, ou si vous voulez imperceptible, mais non pas en un moment indivisible. Et certes comme les corpuscules de lumiere sont d'une petitesse qui surpasse la portée de nos Sens, ce ne sera pas merveille qu'ils soient d'une vitesse qui surpasse aussi toute imagination : Car comme dans la moindre grandeur que nous puissions concevoir, la raison nous dicte qu'il doit y avoir des milliers de parties, ou plutost des parties innombrables, selon ce que nous avons montré ailleurs, ainsi dans la moindre durée que nous-nous puissions imaginer, la mesme raison dicte qu'il doit y avoir des milliers innombrables de parties de durée; ce qui est evident à qui considere le mouvement d'une bale d'arquebuze qui en si peu de temps parcourt plusieurs toises d'espace; car il est constant que dans ce moment que nostre imagination prend pour indivisible, il y a autant de parties de durée qu'il y a de parties d'espace à parcourir successivement les unes apres les autres, c'est à dire d'innombrables.

De plus, si l'on veut soutenir que la lumiere ne vient point du Soleil en un moment imperceptible, mais dans une durée en quelque façon sensible, on ne sçauroit prouver le contraire; & l'on pourra s'en tenir à dire que cette premiere lumiere qui apparoit au matin, peut bien venir dans un temps imperceptible depuis ce poinct de la Terre d'où le Soleil se leve à nostre egard, lequel poinct n'est distant que de quelques mille, mais que celle qui

DES QUALITEZ. 249

est depuis ce poinct jusques au Soleil peut estre deja venuë dans une durée sensible, quoy que nous ne le discernions pas; parceque l'espace depuis le Soleil jusques à la Terre est continument remply de lumiere, & que la lumiere n'affecte l'œil que successivement.

Mais sans nous arrester aux conjectures de nostre Autheur. Voila que M. Roimer qui nous donne de si grandes esperances de la force de son Génie, vient de decider la question. Il demontre par les observations du premier Satellite de Jupiter, qu'encore que pour une distance de trois mille lieuës, telle qu'est à peu pres la grandeur du diametre de la Terre, la lumiere n'ait pas besoin d'une seconde de temps, ce qui ne fait pas une durée sensible, elle demande neanmoins plus d'une heure pour venir depuis ce Satellite jusques à nous lorsque la Terre est dans son plus grand eloignement de Jupiter; & par consequent l'intervalle qui est d'icy au Soleil n'estant qu'environ la sixieme partie de toute cette distance, la lumiere du Soleil demande environ onze minutes

L 5

pour venir depuis le Soleil jusques à nous.

L'on nous dit enfin que si les rayons de lumiere estoient de petis corps, ils seroient emportez par l'eau qui coule, ou par le vent agité, & ne demeureroient point si constamment; que s'ils estoient de la nature du feu ils seroient eteints dans l'eau, ou qu'au moins ils ne subsisteroient pas avec la glace; & qu'enfin si la lumiere estoit de cette nature de feu, elle echaufferoit, ou brusleroit tout ce qu'elle toucheroit; & mesme ces vers luisans, ces ecailles de poisson, ces bois pourris, & ces autres choses qui luisent continuellement la nuit, & qui cependant ne se dissipent point, seroient bruslez.

Nous repondons que les rayons ne demeurent fixes & immobiles qu'à l'egard de nos Sens, qu'ils changent continuellement à raison du mouvement continuel du Soleil, & qu'ils s'insinuent continuellement dans de nouveaux petis chemins, a cause du flux continuel des parties de l'eau, & de l'air. Que si estant de nature ignée ils ne sont pas eteints par l'eau, & par la glace, l'on doit attribuer cela à leur petitesse extreme, & à leur pureté qui leur donne moyen de penetrer librement, & sans danger d'estre etouffez dans les petis pores vuides de ces corps: Et s'ils n'echauffent, ni ne fondent pas sitost la glace, il est aisé de voir que cela ne vient que de leur rareté; puis qu'on n'a qu'à les rassembler par le moyen d'un miroir ardent, & l'on verra bientost l'eau s'echauffer, & la glace se fondre: Enfin l'on peut dire que leur rareté est encore la cause que toutes ces choses luisantes, comme les vers luisans, & autres choses semblables, ne sont pas incontinent consommées, & ne bruslent pas mesme quand on les touche: Car leur lumiere estant plus rare & plus deliée que la centiéme ou la millieme, ou, en un mot, que la moindre petite lumiere du jour, il ne faut pas s'etonner si elle ne les brusle, & ne les consomme pas, & si au toucher elles n'apparoissent pas chaudes.

Cependant comme on ne sçauroit pas nier que ces corps ne contiennent de la chaleur, d'autant plus qu'ils sont vivans, ou pourris; il faut de necessité admettre qu'ils contienent au dedans d'eux de petis corps qui ne sortent pas troubles comme ceux qui sortent des autres choses chaudes, mais qui sont plus purs, & en forme d'une petite lumiere, ou d'une petite flamme tres rare, & tres subtile.

Nous pouvons en quelque façon concevoir cecy par l'exemple de la pierre de Bologne, laquelle estant legerement calcinée reçoit en elle-mesme la lumiere, ensorte qu'estant transportée dans un lieu obscur, on voit qu'elle la conserve jusques à un certain temps ; ce qui ne vient que de ce que les copuscules de lumiere dont elle est imbuë ne peuvent pas tous sortir en un moment, comme ils ne sortent pas non plus d'un fer qu'on tire rouge & enflammé de la fournaise, & qui fait paroitre encore quelque blancheur si on le jette dans un lieu obscur.

CHAPITRE XIV.

De la Couleur.

CE n'est pas sans raison que nous avons insinué que l'essence de la Couleur semble n'estre que la lumiere mesme ; car comme il est constant qu'aucune couleur ne meut la veuë sans lumiere, il est à croire que la couleur n'est autre chose que la lumiere, qui selon qu'elle est diversement reflechie, & rompuë par les diverses superficies, & les divers milieux, & selon la diversité des ombres entre-meslées, represente diverses couleurs, ou paroit sous la forme de diverses couleurs.

Platon devoit estre dans cette pensée lors qu'il a soutenu avec Democrite, *Que bien que les premiers Principes ou Atomes ne soient d'eux mesmes ni blancs, ni noirs, selon neanmoins la maniere particuliere dont ils sont arrangez, & disposez entre eux, & transmis à l'œil, ils font paroitre une couleur blanche, ou une couleur noire* : Et Aristote le

Samien, Epicure mesme, & Lucrece, ne devoient pas avoir esté beaucoup eloignez de ce sentiment, puis qu'ils disent expressement, *Que les couleurs ne sont pas adherantes aux composez, mais qu'elles sont engendrées selon certains arrangemens, & certaines positions, ou situations particulieres eu egard à la veuë; que la lumiere qui tombe sur les corps est la couleur; & que les corps qui sont dans les tenebres sont destituez de couleur, ou que la nuit oste la diversité des couleurs:* Et sur ce qu'il semble ridicule de croire que des corps que nous observons dans un certain endroit estre blancs, jaunes, verds, bleûs, rouges, &c, soient tous d'egale condition, ou egalement sans couleur lorsqu'ils sont dans les tenebres; ils repondent qu'encore qu'ils soient tous egalement sans couleur dans les tenebres, ils ne sont neanmoins pas tous également disposez pour que la lumiere survenant ils fassent paroitre les mesmes couleurs; en ce que l'un a dans sa superficie une disposition particuliere pour faire paroitre jaune, l'autre pour faire paroitre bleu, & ainsi des autres; ce qui n'est pas plus absurde que de supposer differen-

DES QUALITEZ. 255

tes flutes, toutes egalement sans son, qui ayent neanmoins en soy des dispositions pour que le soufle survenant, elles fassent paroitre de differens sons; ou que de supposer de differens grains, tous egalement sans fleur, qui contiennent neanmoins des dispositions par le moyen desquelles l'humidité, & la chaleur survenant, ils fassent paroitre diverses fleurs, & ainsi de cent autres choses de la sorte.

Mais pour entrer plus avant en matiere: Puis qu'il est vray que tous ce qui est veu est ou corps lumineux, ou corps illuminé, que le lumineux est veu par une lumiere qui luy est propre, & l'illuminé par une qui luy est etrangere, & par consequent que du corps lumineux il vient à l'œil des rayons directs, & de l'illuminé des rayons reflechis; il semble estre evident que le corps meut l'œil entant qu'il luy transmet des rayons ou propres, ou etrangers comme des organes par lesquels il se fait sentir, percevoir, connoitre: Si bien que ce n'est pas merveille qu'un milieu purement transparent, tel qu'est le vuide, ne puisse point estre veu; parce qu'il n'a ni rayons propres qu'il puisse envoyer, ni corpulence, par le moyen de laquelle il puisse reflechir abondamment les rayons etrangers afin que de l'une, ou de l'autre maniere il meuve le sens.

Ainsi les rayons qui viennent directement du corps lumineux, meuvent l'œil d'une telle maniere que la veuë estant tournée vers le corps elle le *perçoit* ou connoit, *percipit illud*, sous l'Espece d'une lueur blanche ou d'une blancheur brillante, & eclatante ; de sorte que la lumiere dans sa source semble n'estre autre chose qu'une blancheur ou une couleur blanche & brillante. Quant à ceux qui viennent par reflection du corps illuminé ils meuvent l'œil d'une telle maniere que la veuë estant tournée vers le corps elle l'appercoit veritablement encore sous une espece de blancheur luisante, mais qui neanmoins est alterée, & qu'on peut dire ou n'estre plus une pure blancheur, ou estre une autre couleur.

Or ce qui altere, ou gaste la blancheur, n'est autre chose que le meslange des ombres ou tenebres entre les rayons; ce qui fait que le corps lumineux eſt auſſi quelquefois d'une blancheur alterée; comme lorſque le Soleil eſt regardé non dans ſon Midy, mais à l'horiſon. Car du Soleil de Midy les rayons nous vienent purs, & de l'horiſon ils nous vienent meſlez de petites ombres que cauſent les corpuſcules de vapeur lorſqu'ils detournent autant de rayons autre part, & qu'ainſi ils rendent l'eſpece du Soleil quelque peu plus obſcure, & la contraignent de degenerer en rouge, jaune, livide, ou paſſe.

Remarquez cependant que la blancheur d'un corps lumineux ne degenere pas ſeulement lorſqu'il y a de petites ombres meſlées acauſe des corpuſcules qui ſe trouvent repandus dans le milieu, mais auſſi lorſqu'elles y ſont meſlées acauſe des corpuſcules, ou des parcelles non lumineuſes qui ſont interceptées dans le corps meſme lumineux: Car la flamme, par exemple, eſt d'autant moins blanche, & ſe fait d'autant plus livide, violette, rouge, noiratre, qu'elle eſt plus impure, ou qu'elle a plus de petis grains de ſuye interceptez, qui font qu'on ne voit pas les petites parcelles lumineuses qui sont meslées entre les non-lumineuses.

Or de mesme que les rayons entremeslez d'ombres qui viennent du corps lumineux font paroitre sa blancheur alterée, ainsi celle qui viennent de l'illuminé font paroitre celle de l'illuminé alterée. En effet puisqu'il est vray qu'il n'y a aucune superficie quelque polie qu'elle paroisse au sens, qui en effet, & eu egard à la contexture subtile de la nature, ne soit par tout inegale, & rabouteuse par une infinité de petites eminences, ou montagnettes, & qui ne soit par consequent toute parsemée de petites facettes qui regardent de mille costez differens, comme nous avons deja repeté quelquefois ; cela fait que les rayons qui tombent sur quelque partie sensible de la superficie, ne sont pas tous reflechis à l'œil, mais que plusieurs se detournant vers un autre endroit selon les diverses facettes sur lesquelles ils tombent, ceux qui viennent à l'œil des petites facettes qui sont tournées vers luy, sont rares ou eloignez les uns des autres : Ils parviennent donc à l'œil entre-meslez d'ombres, & il est par conséquent necessaire qu'ils fassent une espece de blancheur alterée, ce qui paroit d'autant plus que la superficie est rabouteuse, ou inegale au sens; car plus elle est lisse & polie, moins il y a d'ombres, & plus la blancheur du corps illuminé devient semblable à la blancheur du lumineux.

C'est de là que se tire la raison des miroirs, & par où l'on peut comprendre que tout corps qui reflechit la lumiere est une espece de miroir, mais plus ou moins parfait selon qu'il est plus, ou moins poly, & selon qu'il reflechit, ou transmet à la veuë plus, ou moins de rayons, plus serrez, ou plus interrompus, plus en ordre, ou plus confus. Et parce qu'entre les rayons qui tombent sur des facettes qui sont tournées autre part que vers l'œil, il y en a quelques-uns qui sont de telle maniere reflechis, ou rompus entre ces facettes qu'ils tombent enfin sur quelques-unes qui luy sont directement opposées, & qui luy renvoyent les rayons croisez, & meslez diversement entre eux, & avec les petites ombres; de là vient que selon le nombre, & la condition des reflections, ou refractions, & la quantité des petites ombres, la blancheur degenere aisement en palleur, ou couleur livide, laquelle passe tantost en couleur jaune, tantost en couleur de safran, de minium, ou en rouge, & puis en verd, selon que les reflections, ou les refractions, & les petites ombres sont moins, ou davantage multipliées.

Cecy paroitra clairement, si l'on prend garde comme un Prisme ordinaire de verre fait paroitre ces quatre couleurs, & les peint pour ainsi dire à toutes choses. Car, je vous prie, que peuvent estre ces couleurs autre chose que des rayons de lumiere qui venant des choses, souffrent double refraction dans le verre, une dans le costé par lequel ils y entrent, & l'autre dans celuy par où ils sortent (& ce avec une inclination d'environ trente degrez) que peuvent, dis-je, estre ces couleurs autre chose que des rayons, qui en passant au travers du verre admettent diverses petites ombres a cause de la rencontre des petis corps dont le verre est tissu ? Et que peut-il par consequent manquer à l'extremité ou superficie d'un corps pour pouvoir sans verre paroitre de la mesme couleur qu'elle seroit avec un verre, si ce n'est qu'outre les reflections, & les petites ombres entre-meslées que la lumiere a sur cette superficie, elle ait encore les reflections, & les petites ombres entre-meslées qu'elle souffre & reçoit par l'entremise du verre?

Cela estant, pourquoy ne nous imaginerons-nous pas à l'egard des corps qui sans l'aide du verre paroissent de ces mesmes couleurs, que leur superficie est tissuë de petis corps dont l'arrangement, les figures, & les facettes sont telles qu'il se fait un supplement de ces refractions, & meslanges ou interceptions de petites ombres; en-sorte que les rayons de lumiere qui tombent sur un drap qui paroit rouge, ou violet, parviennent à l'œil de la mesme façon, & l'affectent de la mesme maniere que les rayons qui d'ailleurs passent à la base, ou au sommet du verre? Et si l'on observe que la mesme chose se fait sans verre dans une nuée rare, & tenuë, lorsque l'Arc-en-Ciel paroit, pourquoy ne vouloir pas croire que le mesme arrive pareillement dans le drap, & qu'il y a seulement cette difference que les petis corps dont la nuë est formée, se dissipent plutost, & changent plutost la situation qui est necessaire avec le Soleil & l'œil pour ces refractions, & reflections, que ne font les petis corps dont le drap est tissu?

Il n'est pas necessaire de vous avertir que le drap est tout tissu de fils, & que ces fils sont teints, & imbus de liqueur dans laquelle sont dissous & regandus de petis grains insensibles de couleur qu'on a broyée, ensorte qu'il n'y a aucune partie sensible de la superficie de quelque poil que ce soit, où il n'y ait des particules de cette liqueur, & plusieurs de ces petis grains attachez & adherans; de ces petis grains, dis-je, qui ont leur figure particuliere selon l'espece de la couleur qu'on a employée, & qui estant joints & incorporez avec des petites parties de la liqueur, peuvent par des reflections particulieres, & par les meslanges des petites ombres rassembler les rayons dans la mesme disposition que le Prisme de verre, &

la nuë de l'Arc-en-Ciel les rassemblent.

Remarquons plutost que la couleur du drap peut estre diversement changée. Car en premier lieu, selon que les petis corps de couleur qu'il avoit pris dans la teinture se detachent peu à peu des poils, la couleur se diminuë, & devient plus claire; parceque ces petis corps manquant, les rayons qui tombent sur le drap ne sont plus renvoyez à l'œil avec les mesmes reflections, ni avec les mesmes petites ombres. Ainsi les feüilles des arbres, les fruits, & tant d'autres choses de la sorte changent de couleur; parceque cette perte continuelle de petis corps aqueux ou autres qu'ils font en meurissant est cause que la maniere des reflections, des refractions, & des petites ombres est changée.

De plus, selon que vous exposerez diversement un drap à la lumiere, combien, je vous prie, aurez-vous de changemens de couleurs? Qu'il soit, par exemple, d'un rouge uniforme lorsqu'il est etendu dans une lumiere uniforme, telle qu'est celle qui vient directement du Soleil, & qu'on appelle

premiere, ou dans celle qu'on appelle seconde, & qui vient par reflection; lorsque vous l'exposerez en partie à la premiere, & en partie à la seconde, ne paroitra-t'il pas de deux couleurs? Mettez-le en plusieurs plis, que de couleurs diverses ne discernerez-vous point, de plus claires sur les penchans où il paroitra plus de lumiere, & de plus obscures dans les cavitez où il y aura plus d'ombres? Et voulez-vous mieux reconnoitre que ces couleurs sont effectivement diverses? Faites les toutes representer à un Peintre dans un tableau, & vous verrez de combien de couleurs differentes il se servira depuis la plus blanche ou plus eclatante couleur jusques à la plus obscure ou plus noire: Ou si vous voulez, vous n'avez qu'à prendre garde à cet ondoyement des poils superficiels, ou exposer ces poils à une lumiere douteuse & imparfaite, & vous reconnoitrez clairement que comme c'est la lumiere seule qui diversifie, ou change les couleurs, aussi est-ce elle seule qui les produit selon les contextures des corps, & selon qu'ils son posez, & tournez eu egard à cette partie d'où
ils

ils reçoivent la lumiere, & à celle vers laquelle ils la renvoyent.

Or comme il est constant que de tout ce grand nombre de couleurs qui paroissent ainsi dans un mesme drap, il n'y en a pas une qu'on puisse prendre pour estre veritablement adherante & reelle, qu'on ne les prenne toutes pour telles, puisque l'on ne sçauroit rien dire d'une en particulier qui ne se puisse dire de toutes les autres; & d'ailleurs, comme on ne sçauroit douter qu'il n'y ait quelques couleurs qui ne soient pas veritablement adherantes, il faut dire qu'il n'y en a aucune qui le soit effectivement, mais qu'elles sont toutes produites selon les divers degrez de lumiere, & d'ombre.

Je vous proposerois l'exemple de la Lune pour vous prouver qu'elle n'a aucune couleur d'elle-mesme quoy qu'elle soit si inconstante en couleurs; mais cela paroitra clairement de ce que nous dirons ailleurs, lorsque nous ferons voir que la lumiere directe, reflechie, & rompuë du Soleil, peut non seulement former cette couleur argentine que l'on voit ordinairement sur ce globe, mais encore cette couleur seconde, & toutes ces autres couleurs si differentes qui s'y remarquent principalement dans une Eclipse totale. Je vous rapporterois encore l'exemple des nuées qui sur le soir, & en si peu de temps se font blanches, rougeatres, noires, & ainsi de plusieurs autres couleurs, mais cela n'est que trop connu, & ce que nous avons dit est suffisant pour inferer avec Lucrece, que dans les tenebres epaisses, où il ne penetre aucune lumiere, & d'où il ne s'en reflechit aucune, il n'y a du tout point de couleurs, & qu'ainsi les couleurs qui se voyent dans les choses au retour de la lumiere sont produites par la lumiere mesme selon les dispositions que les choses ont pour la recevoir, reflechir, rompre, & renvoyer à nos yeux.

Qui quoniam quodam gignuntur luminis ictu,
Scilicet id sine eo fieri non posse putandum'st.

Où il entend principalement parler de ces changements de couleurs qu'on remarque alentour du col d'un Pigeon, ou dans la queüe d'un Paon.

Pluma Columbarum quo pacto in Sole videtur,
Qua sita cervices circum, collumque coronat.
Namque aliàs fit, uti claro fit rubra pyropo,
Interdum quodam sensu fit, uti videatur
Inter ceruleos, virideis miscere Smaragdos.
Caudáque Pavonis larga cum luce repleta'st,
Consimili mutat ratione obversa colores.

Ce seroit icy le lieu de refuter ce que l'on objecte ordinairement, que toutes ces sortes de couleurs, comme encore celles que l'on voit dans l'Arc-en-Ciel, dans les Couronnes, ou par le moyen d'un verre coloré, d'un Prisme, d'une phiole pleine d'eau, ou de quelque autre semblable maniere, sont seulement apparentes, & trompeuses, à la difference des autres qu'on a coutume d'appeller vrayes & naturelles, mais il est constant de ce que nous avons dit jusqu'à present qu'il n'importe si vous dites vraye couleur, ou apparente; veu qu'il n'y en a aucune qui ne soit egalement reelle, ou qui n'ait egalement sa veritable cause, & qui de necessité n'apparoisse telle.

La seule difference qu'il y a, est à l'egard de la durée ; mais certes la courte durée d'une chose ne fait pas qu'elle ne soit vraye & réelle, à moins que vous ne veüilliez dire que la verdeur d'une herbe n'est pas vraye, parce qu'elle dure si peu à l'egard de celle d'une Emeraude ; ou que la rougeur qui naist de la pudeur n'est pas vraye, parce qu'elle ne dure rien en comparaison de la rougeur du Rubis.

Mais au moins, direz-vous, lors qu'un rayon passant au travers d'une vitre colorée, peint la mesme couleur du verre à la muraille, cette couleur ne peut pas estre vraye ! Je repons qu'elle ne laisse pas d'estre vraye, en ce que ce n'est autre chose que la lumiere mesme du Soleil, qui se rompt premierement de telle maniere dans le verre a cause des couleurs dont il est imbu, qu'elle y represente une certaine couleur, & qu'ensuite cette lumiere se reflechit de la muraille à l'œil avec cette mesme refraction qu'elle a souffert dans le verre, de sorte que la couleur que vous voyez dans la muraille est autant vraye qu'est celle d'une chose que vous voyez representée dans un miroir ordinaire ; parce qu'il n'y a de difference entre le miroir & la muraille, que du plus, ou du moins de poliſſure.

De là vient que ſi vous eſtimez qu'une couleur ne ſoit pas veritable, parce qu'apres que les rayons ne ſont plus, la muraille ne demeure pas teinte de couleur, vous ſerez obligé de dire le meſme des couleurs veuës dans le miroir, qui n'y laiſſent aucune teinture, & qui cependant ſont autant vrayes que celles qui ſont dans les choſes repreſentées ; veu qu'elles ſont abſolument les meſmes ; celles que nous voyons en regardant directement les choſes, n'eſtant point differentes de celles que nous voyons par reflection, & toute la tromperie n'eſtant qu'à l'egard de l'imagination ; en ce que les choſes colorées ſont veuës, non pas dans le lieu où elles ſont, mais du coſté qu'eſt le miroir d'où en dernier lieu les rayons tendent en ligne droite à l'œil.

Car comme nous dirons dans ſon lieu, la ſeule & unique cauſe de la tromperie dans la veuë (& dans les autres Sens à proportion, & principalement dans l'ouïe) est que l'imagination de la chose veuë se faisant selon la ligne droite, ou le rayon droit qui meut l'œil, la chose paroit toujours estre vers cet endroit d'où le rayon commence de tendre droit vers l'œil, & le frapper; ensorte que s'il vient directement en droite ligne de la chose mesme, la chose paroit là où elle est, si par reflection, ou par refraction, elle paroit estre dans la mesme ligne selon laquelle le rayon reflechi ou rompu vient en dernier lieu dans l'œil.

Il est donc constant de tout ce que nous venons de dire, qu'il n'y a proproprement point de couleur qui ne soit vraye, & qu'il n'y en a aucune sans lumiere mesme; quoyque pour ne s'eloigner pas de l'usage ordinaire l'on puisse faire distinction entre couleur vraye, & couleur apparente, comme entre une chose fixe, & une passagere.

Je ne m'arresteray pas à vous rapporter le sentiment des anciens Philosophes sur les diverses especes de couleur; nous remarquerons seulement avec Aristote, que la Noirceur n'est autre chose que la privation de blancheur, de mesme que les tenebres ne sont que la privation de lumiere; si bien que la blancheur ne se compare pas seulement avec la lumiere, & la noirceur avec les tenebres, mais la blancheur n'est proprement que la lumiere-mesme, & la noirceur les tenebres-mesmes. D'où il s'ensuit I. Que l'on peut dire qu'il y a deux couleurs primitives, la Blancheur, & la Noirceur, avec cette distinction neanmoins que l'une est quelque chose de positif, & l'autre une pure privation. II. Que les pures tenebres ou l'ombre totale est absolument & privativement opposée à la pure & extreme blancheur. III. Qu'il n'y a rien d'absolument & purement noir que ce qui est absolument & purement obscur. IV. Que la pure Noirceur est autant invisible que les pures tenebres.

Mais d'où vient, direz-vous, que lorsque nous mettons deux choses dans la mesme lumiere, une blanche, & une noire, la couleur de l'une & de l'autre n'est pas la mesme? Je repons que cela vient de ce que les facettes des petites parties superficielles d'où se fait la reflexion de la lumiere à la veuë, ne sont pas de mesme façon dans l'une & dans l'autre, ni disposées de mesme maniere.

Pour concevoir cecy, supposez premierement une muraille enduite de platre, ou de chaux, & egalement polie, ensorte qu'elle paroisse d'une blancheur uniforme. Rendez ensuite la moitié de cette muraille aspre & inegale par quantité de ratures ou coupures assez profondes, tres proches les unes des autres, & qui se croisent entre elles ; il est certain que la blancheur de cette partie sera plus obscure que celle de l'autre ; parceque diverses facettes des petites parties superficielles, ou divers petis costez de ces especes de petites vallées qui se seront faites, ou ne recevront pas les rayons du Soleil, ou les detourneront autre part que dans l'œil. Et si vous faites encore les ratures plus profondes, ou que vous perciez toute la partie de quantité de petis trous, elle deviendra encore plus obscure, en ce qu'il manquera beaucoup plus de rayons, & qu'il en viendra bien moins à l'œil. Or imaginez-vous que ce que vostre main peut faire par un exemple grosfier, lorsque vous rendez une mesme superficie plus obscure par des ratures seulement qui detournent les rayons, le doigt subtil de la Nature le fait detournant les rayons par de petites & insensibles entre-coupures, ou enfoncements.

Et certes, il est facile de reconnoitre que la couleur blanche degenere peu à peu en noire par le seul defaut de lumiere ; puisque ce qui se fait sur une feüille de papier blanc lorsque nous y mettons toujours des points d'ancre de plus en plus, le mesme se fait par le defaut des rayons lorsque nous entremeslons ou interrompons ce mesme papier, ou la muraille, de quantité de petis trous tres proches les uns des autres.

Representez-vous de plus plusieurs murailles enduites de mesme platre, & disposées d'une telle maniere que de la premiere qui reçoit immediatement la lumiere du Soleil la reflection se fasse sur la seconde, de la seconde sur la troisieme, de la troisieme sur la quatrieme, & ainsi de suite. Car la premiere paroitra bien plus blanche que la seconde, celle-cy que la troisieme, & ainsi des autres ; parce que la lumiere primitive ou premiere sera plus abondante que la seconde, celle-cy que la troisieme, & ainsi consequemment. Or pour quelle raison pensez-vous qu'elle soit plus abondante ? Certes ce ne peut estre que parceque la premiere muraille ne renvoye pas à la seconde tous les rayons qu'elle reçoit du Soleil, acause que les diverses petites facettes les detournent vers d'autres endroits, & que la seconde ne renvoye pareillement pas à la troisieme tous ceux qu'elle a receus de la premiere, & ainsi de la troisieme à l'egard de la quatrieme ; d'ou il s'ensuit que multipliant les murailles, il peut enfin ne rester aucuns rayons qui laissent, ou fassent paroitre aucune blancheur.

Considerez aussi de l'Eau lorsqu'elle est illuminée par le Soleil que vous avez en face : Cette eau qui est entre vous & le Soleil vous paroit blanchatre dans l'endroit d'ou les rayons sont reflechis à vostre œil, & bleuë, ou noire dans les autres endroits d'ou il ne se fait pas une pareille reflection à vostre œil ; cependant c'est par tout

Des Qualitez. 275

la mesme eau, d'ou vient que dans le mesme temps d'autres personnes croiront blanche celle que vous croyez bleuë, & bleuë celle que vous croyez blanche; & la mesme chose se peut observer dans toutes sortes de miroirs.

Apres tout cecy, considerez une petite bouteille d'eau sur laquelle la lumiere tombe comme sur un miroir à demi-spherique; vous voyez comme elle est blanchatre dans cette partie d'ou la lumiere se reflechit à vostre œil, & non pas dans les autres, lesquelles neanmoins paroitront blanches à d'autres yeux qui receuront les rayons qu'elles reflechiront. Supposez maintenant deux, trois, quatre, ou cinq de ces bouteilles qui soient contiguës entre elles, & qui ayent quelque grandeur, il vous paroitra autant de petis poincts blancs; mais parce que l'intervalle d'une bouteille à l'autre est trop grand, acause de la grandeur des bouteilles, il s'en faudra beaucoup que ces poincts ne paroissent une blancheur continuë. Supposez que dans un mesme, ou dans un pareil espace il y en ait un plus grand nombre qui feront par confequent plus petites, & qui foient pareillement contiguës; il vous paroitra encore autant de petis poinćts blancs qu'il y aura de bouteilles, mais ce fera prefque comme une feule, & continuë blancheur; enforte que plus les bouteilles feront petites, & les poinćts plus proches les uns des autres, plus la blancheur vous paroitra continuë. Et c'eſt à mon avis la raifon pourquoy de l'Ecume, qui n'eſtant qu'un amas d'une infinité de tres petites bouteilles, paroit de couleur blanche, & eſt appellée blanche; parceque les poinćts d'où fe reflechit la lumiere font tres proches les uns des autres, & la font par confequent paroitre d'une feule, & continuë couleur: Or on ne fçauroit nier que la blancheur de l'Ecume ne foit une vraye couleur, & cependant vous voyez clairement que cette couleur n'eſt autre chofe que de la lumiere reflechie: Car l'Ecume n'eſt que de pure eau, & il ne luy arrive rien autre chofe finon qu'au lieu d'une feule fuperficie plane, elle en acquiert plufieurs fpheriques tres proches les unes des autres, de chacune defquelles il parvient des rayons reflechis à voſtre œil.

Le meſme ſe peut dire de la Neige qui n'eſt auſſi en effet que de l'eau; car pourquoy eſt-elle ſi blanche ſi ce n'eſt parce qu'elle eſt pareillement une eſpece d'Ecume, ou une contexture de petites bouteilles, qui de l'aveu meſme d'Ariſtote ſont beaucoup plus petites que celles dont eſt formée l'Ecume qui ſe fait d'eau & d'huile meſlées enſemble, quoy que ces dernieres, ajoute-t'il, ſoient inviſibles à raiſon de leur petiteſſe?

Certes, de meſme que de l'eau, ou quelque autre liqueur lors qu'elle ſe reduit en ecume, comme il ſe fait ordinairement, occupe un plus grand lieu acauſe de l'air qui eſt contenu dans chacune des petites bouteilles; ainſi puiſque de l'eau formée en neige en occupe premierement un plus grand, il faut que cela ſe faſſe acauſe de l'air qui eſt renfermé dans chacune de ces bouteilles qui ſont d'une petiteſſe extreme.

Et deplus, de meſme que nous reſolvons de l'Ecume en eau lorſque nous picquons les petites bouteilles avec une aiguille, & que ces fines & deliées pellicules d'eau formées en voute, & adherantes les unes aux autres tombent & s'affaissent ; de mesme aussi, lorsque les petis corps de lumiere, ou de chaleur, ou ceux dont sont formez les Vents chauds, picquent comme autant de petis traits les petites bouteilles de la neige, il faut qu'elles s'affaissent, qu'elles se resolvent derechef en eau, & qu'elles coulent.

Et il n'y a pas tant sujet de s'étonner si la blancheur de la neige est si grande, parce qu'encore que de chaque petite bouteille il ne se reflechisse qu'un seul rayon à l'œil, neanmoins ces bouteilles sont tellement petites, & tellement proches & serrées entre elles, que les intervalles qui sont entre les poincts d'où se fait la reflection sont insensibles. Aussi la neige se fait voir à la moindre lumiere; parceque de quelque part que puisse venir la lumiere sur la neige, & quelque foible qu'elle puisse estre, il est impossible qu'il ne tombe des rayons sur les petites bouteilles, & que de quelques-uns de leurs poincts il n'en vienne quelques-uns à l'œil.

Mais direz-vous, s'il est vray que la blancheur, & la lumiere soient une mesme chose, & que la lumiere soit une petite flamme, pourquoy la neige qui est tellement blanche, & qui a par consequent tant de lumiere, & de flamme, est-elle neanmoins si froide? Je repons que cette froideur se doit rapporter aux petis corps de froid, ou esprits nitreux ; car comme ces sortes de petites bouteilles ne peuvent point estre percées, soit par les rayons de lumiere, soit par la chaleur de la main, que les petites pellicules qui sont formées d'eau ne s'affaissent, & que ces petis corps de froid ne s'exhalent, cette exhalaison forme un petit vent froid qui se fait sentir, ce que l'on doit dire de la glace pour la mesme raison. Au reste, il y a sujet de croire que la blancheur de la neige (à la reserve de ce petit vent froid) retient la nature de lumiere, & de petite flamme, puis qu'elle picque, & brusle cet organe délicat de la veuë ; & si d'ailleurs sa chaleur ne nous est pas sensible, la rareté, ou le peu de petis corps de feu, ou de chaleur qui s'en exhalent, en doit estre la cause.

Si vous demandez pourquoy la neige paroît plus blanche que la glace ? Je réponds qu'elle est veritablement plus blanche que cette glace dont la superficie est polie, & plane, mais qu'elle ne l'est pas davantage que celle qui est frisée comme de la neige-mesme.

J'ajoute qu'elle n'est pas mesme plus blanche que celle dont la superficie est plane si nous regardons un endroit de la glace qui soit directement entre le Soleil & nous, & d'ou les rayons nous soient reflechis à angles egaux d'incidence, & de reflection, mais seulement si nous regardons la glace en d'autres endroits ; & la raison est que la superficie de cette glace n'estant pas frisée comme de la neige, & n'ayant par consequent pas de ces petis penchans speriques, & de ces facettes diverses d'où la lumiere puisse estre reflechie, la glace ne nous peut pas paroitre blanche par tout comme fait la neige.

De tout cecy je fais cette remarque considerable, qui est qu'afin qu'une superficie paroisse blanche, ou il faut qu'elle soit située entre le corps lumineux & l'œil pour pouvoir reflechir à l'œil la lumiere du corps lumineux qui luy est opposé, ou que n'estant pas dans cette situation, elle ait grand nombre de petites facettes tres proches les unes des autres, telles que sont celles de ces petites bouteilles, ou petis demi-globes de neige, afin que de quelque part que puisse venir la lumiere, il y en ait par tout quelques-unes tournées vers l'œil, qui la luy reflechissent. Je fais, dis-je, cette remarque pour pouvoir enfin inferer qu'il n'y a rien de plus vray-semblable, que tout corps blanc, ou que nous appellons blanc, doit estre tissu de maniere que sa superficie soit parsemée de petites facettes qui de quelque costé que vienne la lumiere, la puissent reflechir à l'œil, comme sont le Lait, le Lys, &c.

Pour ce qui est du Noir, nous n'avons rien à ajouter à ce qui a deja esté dit, si ce n'est que les petis corps dont la superficie du corps que nous appellons noir, ou obscur est formée, sont figurez, & disposez de telle maniere que leurs facettes ne reflechissent point tant en dehors les rayons, qu'elles les tournent & dirigent en dedans vers la profondeur du corps, ensorte qu'ils ne peuvent parvenir à l'œil. Et c'est assurement pour cette raison que les choses transparentes (si rien n'empesche d'ailleurs) paroissent plus noires; parce qu'ayant laissé entrer plus de rayons en dedans, elles en renvoyent moins en dehors. Et l'experience nous enseigne que si deux corps de mesme matiere, de marbre, par exemple, l'un blanc, & l'autre noir, sont egalement exposez aux rayons du Soleil, le noir s'échauffera bien plutost, & bien davantage que le blanc; ce qui n'arrive apparemment de la sorte, que parceque le corps noir renvoye moins de rayons, & en reçoit & retient davantage au dedans de ses petis pores, où ils se croisent diversement, & se rassemblent, & engendrent par consequent de la chaleur.

C'est par cette mesme raison que les Miroirs Ardens echauffent, & bruslent plus lentement les etoffes blanches que les noires, & les linges blancs que ceux qui sont deja un peu sales, & autres choses semblables. Pour ne dire point qu'une des premieres raisons de la noirceur du Charbon, semble estre, que l'humeur qui estoit auparavant dans le bois est d'une telle maniere resoute, & divisée par la force du feu en une infinité de tres petites parcelles de fumée, & de suye, que ces parcelles sortant, laissent une infinité de tres petis pores par lesquels autant de rayons entrent plutost en dedans, qu'ils ne se reflechissent en dehors vers l'œil.

Pour dire aussi quelque chose des autres couleurs. S'il se faisoit seulement un simple meslange de lumiere, & d'ombres, ou de blancheur, & de noirceur, je tiens pour constant qu'il n'y auroit point d'autres couleurs moyennes que plus ou moins blanc, plus ou moins noir, plus ou moins gris; mais parce qu'outre cela il y a du verd, du jaune, &c. il faut pour cette raison avoir recours à la diversité de reflections, & de refractions par laquelle elles meslent derechef la lumiere, & les ombres deja meslées, interrompent leur teneur, ebranlent par consequent l'organe diversement, & l'affectant ainsi diversement, fassent naistre en nous un sentiment, & une perception differente.

Cela suit de ce que nous avons dit, & l'on pourroit peuteſtre ajouter que ce petit intervalle de temps qui eſt entre les abords ou atteintes des rayons directs, reflechis, & rompus à l'œil, contribuë beaucoup à la diverſité de cette perception ; parceque bien qu'il ſoit imperceptible, il ne laiſſe pas d'avoir quelque analogie, ou rapport avec cet autre petit intervalle de temps qui eſt toujours entre deux Sons, ou deux atteintes d'air conſecutives à l'oreille, & qui eſt pareillement imperceptible acauſe de la rapidité incomprehenſible des allées & venuës des cordes tenduës. Quoy qu'il en ſoit, l'on peut dire avec probabilité que la diverſité, & multiplicité des reflections, & des refractions fait la diverſité des couleurs ; mais de determiner pourquoy telles ou telles refractions, ou reflexions, & qui ſe font ſous tels ou tels angles, font naiſtre en nous telles ou telles perceptions ; pourquoy la couleur de ſafran paroit pluſtoſt en cet endroit-là que la bleuë, & la bleuë en celuy-cy pluſtoſt que celle de ſafran, veu que l'une & l'autre en ſe condenſant ſe terminent en noirceur ;

quel est le nombre, & quelle est la temperature des ombres dans chacune de ces couleurs, & autres choses semblables ; C'est assurement ce qui surpasse la sagacité de l'Esprit humain. Aussi est-ce pour cela que Platon aprés avoir avancé ce que nous avons rapporté de luy sur la generation des couleurs, parle ingenuement en ces termes. *Mais qui peut sçavoir la mesure, ou le meslange particulier des choses? Et quand mesme quelqu'un le sçauroit, il ne seroit pas d'un homme prudent de le dire, veu que personne n'en sçauroit rendre une raison necessaire, ni vray-semblable, ni mediocre mesme.* Contentons-nous donc de nous souvenir icy de ces quatre ou cinq chefs que nous avons deja insinuez.

Le I. Que de mesme que les choses qu'on appelle blanches, & celles qu'on appelle noires, ont des facettes qui sont propres & particulieres pour ces couleurs, de mesme aussi celles que nous appellons bleuës, rouges, vertes, &c. ont les leurs particulieres qui sont propres à reflechir, ou rompre la lumiere, & cela de la maniere qui est necessaire pour representer ces couleurs.

Le II. Que lorsque la rougeur d'un drap, par exemple, devient claire par la suite du temps, cela vient de ce que les petis corps de couleur se detachent peu à peu, ensorte que leurs facettes n'y sont plus pour renvoyer la lumiere comme auparavant.

Le III. Que lors qu'une feüille d'arbre perd sa verdeur, cela vient pareillemét de ce que les petis corps d'humeur dont les facettes faisoient naistre cette espece de couleur, s'exhalent, ne demeurant plus que les petis corps qui sont propres à produire le jaune, & qui faute du meslange ordinaire, ne representent plus le verd.

Le IV. Que lors qu'apres que l'eau par le moyen du sel d'Alcali, ou de l'huile de tartre, ou de quelque autre chose semblable que l'on jette dedans, a attiré de quelque bois, ou d'un drap, ou de quelque autre chose teinte, les petis corps qui forment l'espece de couleur dans la superficie, cette eau paroit de mesme couleur que la chose teinte; parceque les petis corps qui ont esté tirez de la chose colorées sont placez de telle maniere dans la superficie de l'eau, que leurs facettes representent la mesme couleur dans l'eau que dans la chose.

Le V. Que quand on a la Iaunisse il en est le mesme que quand nous regardons au travers d'un verre jaune, & que cette maladie n'impose ainsi à nos yeux, & ne nous fait ainsi paroitre toutes choses jaunes, que parceque l'œil est infecté d'une humeur qui cause les mesmes refractions que celles que la teinture cause dans le verre.

Le VI. Qu'à l'egard des couleurs agreables, ou desagreables, tout ce qui se dit des petis corps dont les autres sens sont meus, entant que les uns entrent doucement, & les autres rudement dans l'organe, & sont par consequent agreables, ou desagreables; le mesme se peut dire des petis corps qui meuvent la veuë, entant que les uns sont formez, & figurez de telle maniere, qu'entrant doucement, ou rudement dans l'organe, il en naist une couleur agreable, & qui est censée belle, ou une desagreable, & qui est censée sale & vilaine.

CHAPITRE XV.

Des Images, ou Especes Visibles.

DE tout ce qui a esté dit jusques icy de la Lumiere, & de la Couleur, il est facile de comprendre que cette Image ou espece qui de la chose lumineuse, ou illuminée parvient à l'œil, & le meut ou excite à voir la chose, n'est que la lumiere mesme rapportant la couleur limitée, & tracée de la chose. Ainsi l'image du Soleil ne sera autre chose que la lumiere qui vient de cet Astre, & qui represente sa couleur eclatante avec sa circonscription spherique. Et de mesme l'image de l'homme ne sera que la lumiere qui vient de l'homme, & qui represente sa couleur terminée par une figure propre & particuliere, & entremeslée de traits & de lineamens propres, & particuliers. Nous serons cy-aprés obligez de parler de plusieurs choses qui regardent ces images, ou especes, lorsque nous traiterons du Sens de la veuë; neanmoins parceque l'on a coû-

tume

tume de les mettre au nombre des qualitez, & qu'en effet elles meritent autant d'estre appellées qualitez que la lumiere, & la couleur, l'on en doit icy toucher quelque chose, & principalement de ce qui regarde leur nature, & leur generation.

Pour cet effet, il faut entre autres choses supposer icy ce que nous avons déja dit assez souvent; sçavoir est, qu'il n'y a aucune chose visible qui soit parfaitement plane, ou polie, quoy qu'elle paroisse telle au Sens. En effet, pour ne rien repeter des choses qui sont polies par Art, il faut que le Verre fondu, puis qu'il est formé de petis sables, & de sels, ait sa superficie inegale, & il en est le mesme de l'Eau, & de tous les autres corps qui paroissent les plus polis comme contenants tous de petis pores & de petis espaces vuides interceptez, & n'estant composez que de petis corps qui ne sçauroient faire une superficie que tres inegale.

Il faut, dis-je, principalement icy supposer cette inegalité, afin que l'image d'une chose n'estant qu'une certaine tissure de rayons qui viennent de la superficie du corps lumineux, ou de l'illuminé, & qui sont receus dans l'œil en quelque endroit de l'espace qu'il puisse estre, nous concevions que chaque partie de la superficie est tissuë comme de certains petis grains ou petites eminences, dont les petites facettes regardent çà & là d'une telle maniere, qu'il n'y ait aucun lieu dans tout l'espace circonvoisin où ne tendent, & ne parviennent en droite ligne quelques rayons de quelques-unes de ces facettes.

Car il s'ensuit veritablement de là qu'en quelque part de l'espace ou du milieu que puisse estre un œil, il reçoit de la chose, ou de sa superficie divers rayons dont l'image est formée, mais il s'ensuit neanmoins aussi qu'il ne peut estre en aucun endroit où il les reçoive tous ; parce qu'il y en a une infinité d'autres qui tendent & parviennent autre part, & dont il se forme d'autres images en d'autres parties du milieu.

Ainsi l'on comprend que deux images ne sont jamais absolument & simplement les mesmes ; & qu'il n'est pas vray de dire, comme l'on fait d'ordinaire, que la mesme image soit toute dans l'espace, & toute dans chaque partie. Car l'on peut bien dire qu'elle est toute dans tout l'espace, entant que l'amas de toutes les images ou rayons qui viennent de la chose visible est dans tout l'espace où parviennent les rayons, mais il n'y a aucune partie de cet espace où l'on puisse dire qu'elle soit toute, ou la mesme.

Et c'est de là qu'on tire ce Paradoxe, que ni deux hommes, ni mesme deux yeux ne voyent jamais precisement la mesme chose en mesme temps, en ce que bien qu'ils soient generalement censez voir la mesme chose, ils ne voyent neanmoins pas, ni les mesmes parties, ni les mesmes parcelles de la mesme partie, ni les mesmes petis grains de la mesme parcelle, ni les mesmes facettes du mesme grain.

Remarquez icy par consequent que le mesme arrive dans tout l'espace, & dans chacune de ses parties, comme dans tout un miroir, & dans chaque partie du miroir ; car lorsque vous voyez vostre image dans le miroir, s'il y a quelques personnes alentour de vous, ils voyent veritablement aussi voſtre image, mais toutefois chacun d'eux en voit une differente, celui-cy une, & celui-là une autre; parceque dans l'endroit où vous voyez le nez un autre y voit le front, un autre le menton, un autre l'œil, un autre la jouë, &c. enſorte qu'il eſt vray de dire qu'il y a dans le miroir, non pas une ſeule & unique image de voſtre viſage, mais un nombre innombrable. La verité eſt que ces images ſont comme entre-laſſées les unes dans les autres, mais neanmoins chacune peut eſtre veuë diſtinctement, & comme ſeparée de toutes les autres : Ce qui n'arrive que parceque chaque image eſt formée de rayons, qui venants des facettes particulieres des petis grains de voſtre viſage, tendent à des poincts particuliers, & ſont par conſequent reflechis à des yeux particulierement ſituez.

Or parceque la principale difficulté qui ſe rencontre dans cette matiere vient de ce que l'on ne peut concevoir comment il ſoit poſſible que les Images de tout le Ciel, & des Campagnes, des Montagnes, des Foreſts, des Edifices, des Animaux, & autres choſes innombrables, soient representées distinctement, & en mesme temps dans un si petit espace qu'est la prunelle de l'œil, ou la retine; pour cette raison il faut I. supposer icy ce que nous avons montré ailleurs, asçavoir que tous les objets visibles qui se presentent à nostre œil lorsque nous le tenons ouvert, sont à peu pres disposez en forme d'un hemisphere, afin que les rayons qui en viennent à l'œil se forment comme en un cone dont la base soit l'hemisphere mesme, & la pointe un peu emoussée la superficie mesme de la prunelle.

II. Que cet hemisphere tient lieu de Visible total, & que les corps particuliers qu'il contient, quoy qu'inegalement distants de l'œil, tiennent lieu de Visibles particuliers.

III. Que bien que cet hemisphere puisse estre ou entierement, ou selon quelques parties plus eloigné, & plus proche, il ne parvient neanmoins pas plus de rayons à la prunelle du plus eloigné que de plus proche; parce qu'il y a veritablement moins, ou un moindre nombre de corps dans le plus proche que dans le plus eloigné, mais aussi les parties de ces corps, où les parties de leurs facettes qui regardent directement la prunelle, sont en plus grand nombre : D'où il arrive que de deux choses dont l'une est tres grande, & l'autre tres petite, la grande ne paroit pas pour cela plus grande que la petite si on l'eloigne tellement qu'elle n'occupe pas une plus grande partie de l'hemisphere veu que la petite ; parceque pour lors il n'y a pas plus de rayons qui parviennent à la prunelle, & qui rapportent, ou representent plus de parties de la chose, & qui la fassent par consequent paroitre plus grande.

IV. Que l'on peut dire en passant que la raison pourquoy une chose paroit plus grande lorsqu'elle est veuë au delà d'un verre convexe, & plus petite au delà d'un concave est, que le verre convexe assemble, & dirige à la prunelle plusieurs rayons qui luy échaperoient, & qu'au contraire le concave en ecarte beaucoup qui y parviendroient.

V. Que puisque toutes les choses que nous voyons sous un mesme angle nous paroissent egales, & sont jugées estre telles si quelque chose ne nous fait naistre l'opinion qu'elles soient inegalement distantes (estant d'ailleurs prevenus de cette opinion que de deux choses qui nous paroissent egales, celle qui est la plus eloignée est en effet la plus grande) il s'ensuit que pour voir, & juger grand, ou juger un objet estre grand, ou de grande etenduë, il n'est pas besoin d'une plus grande espece que pour voir, & juger petit, mais il est seulement necessaire d'avoir l'opinion que la distance est plus grande.

Cecy peut estre expliqué & confirmé, de ce que si vous prenez un miroir qui n'ait qu'un pied de diametre, & que vous le posiez dans la campagne sur un plan horizontal, vous verrez dans ce miroir l'image du Ciel, & des montagnes, & des autres choses d'alentour de la mesme grandeur que nous apparoit le Ciel, les montagnes, & les autres choses lorsque nous les regardons directement, ce qui arrive de la sorte, parce qu'encore que l'image ne soit pas plus grande que le plan du miroir, elle est neanmoins telle qu'avec les choses veuës elle represente aussi leur distance ; ce que ne fait pas une image depeinte dans un tableau, si ce n'est entant que les Peintres imitant les miroirs, trompent les yeux, lors qu'en accourcissant, & en confondant les choses representées, ils nous insinuent l'opinion de leur distance.

Ce sont là les choses qui semblent nous faire voir qu'il est possible que les images du Ciel, des montagnes, &c. tombent & soient distinctement representées dans la prunelle, ou dans la retine, quoy qu'elle soit fort petite ; parceque pour voir l'hemisphere qui comprend toutes ces choses de la grandeur qu'il paroit, il n'est besoin d'une plus grande image que pour voir un hemisphere dont le diametre soit plus petit que le doigt ; veu que les rayons dont l'image est formée, ne viennent pas en plus grande quantité de celui-là que de celui-cy, & que pour le juger plus grand, il n'est besoin que de l'opinion d'une plus grande distance.

Au reste, l'on doit comprendre de ce qui a esté dit plus haut comment il est possible qu'une infinité de rayons soient assemblez, & resserrez dans un lieu tres etroit, & ne laissent pas pour cela de conserver leur ordre, & leur situation sans se confondre.

* Ce seroit icy le lieu de refuter l'Opinion de quelques Aristoteliciens qui se sont avisez depuis quelques années de soutenir, quoy que contre la pensée d'Aristote, que les images ou especes intentionnelles sont de purs accidens, & qu'elles s'engendrent, & passent des objets eloignez à nos yeux par propagation ; une seule & unique espece, disent-ils, pouvant estre toute dans tout le milieu, & toute dans chacune de ses parties. Mais cette Opinion paroit si fort eloignée du sens commun, qu'elle ne merite pas qu'on s'y arreste ; joint que les raisons que nous avons apportées ailleurs pour montrer l'impossibilité de la generation, & du passage des autres qualitez par propagation, la detruisent suffisamment : Nous dirons plutost quelque choses de l'Opinion d'Epicure, & de ses Sectateurs, non pas que nous la croyons la plus probable, mais simplement afin que nous voyons en quoy elle differe des autres, & de quelle fa-

çon elle peut estre deffenduë contre les objections d'Alexandre: Ou plutost afin de nous accoutumer toujours de plus en plus à cette petitesse admirable des premiers principes, & à cette subtilité incomprehensible des ouvrages de la Nature.

La pensée d'Epicure est donc que les atomes qui sont renfermez au dedans des composez, quoyque diversement agitez suivant cette puissance motrice qui leur est naturelle, ne peuvent neanmoins pas facilement sortir, parce qu'estant diversement accrochez, & entre-lassez, ils se retiennent mutuellement les uns les autres; mais que ceux qui sont dans la superficie ou extremité du corps peuvent en se remuant, & se tournant le moins du monde se degager, & estre mesme poussez au dehors par ceux qui se meuvent en dedans, & ainsi s'envoler tres facilement. Il suppose de plus que le mouvement des atomes, lors qu'ils sont en liberté, estant d'une egale vitesse, comme il a esté expliqué, ceux qui sortent des cavitez, & des eminences de la superficie sont de telle maniere transportez de mesme pas, que ceux-là n'atteignent point ceux-cy, & que ceux-cy n'attendent point ceux-là, mais que les uns & les autres conservent toujours entre eux le mesme ordre, & la mesme position qu'ils avoient dans la superficie; d'où vient qu'il conçoit les images comme de certaines écorces, ou pellicules, ou membranes tres-fines & tres deliées qui se detachent, & fluënt continuellement de la superficie des corps; en sorte que comme dans un jet d'eau il y a toûjours une eau qui suit l'autre avec rapidité sans que l'on puisse observer aucune interruption, il y ait de mesme icy toujours de nouvelles images qui se suivent immediatement les unes les autres, sans que l'Entendement puisse reconnoître aucun intervalle, ou interruption dans l'écoulement.

La premiere objection d'Alexandre est, qu'il demande comment il seroit possible qu'un si grand nombre de parties se detachât & coulant continuellement, les objets visibles ne se consômassent pas incontinent? S. Augustin fait la mesme objection, & il n'y a personne à qui cette difficulté ne puisse incontinent venir en pensée. Mais pour ne dire point qu'on peut repondre qu'autant que les choses visibles sont diminués par cette perte, & par ce flux continuel de leurs parties, autant elles sont augmentées par les nouveaux petis corps qui leur viennent des objets opposez, & qu'ainsi il se fait une compensation ; la reponse qui se tire de la petitesse des petis corps qui surpasse toute imagination, est beaucoup plus propre & plus convenable : Car il s'ensuit delà que comme les images sont admirablement deliées & subtiles, on ne s'apperçoit point, pas mesme apres un tres long temps, qu'il manque quelque chose à la superficie du corps de laquelle se fait cet ecoulement continuel.

Pour expliquer cecy, pensez seulement à la subtilité inconcevable des atomes qui fait qu'il en faut des nombres innombrables de milliers pour former un Ciron, ou mesme un seul de ses membres ; car cela suffit pour comprendre que si l'image que vous concevrez comme une pellicule tres mince, & tres deliée, est composée de ces atomes qui se tiennent seulement par les costez sans qu'il y en ait aucun en profondeur, ou l'un sur l'autre; cela suffit, dis-je, pour comprendre que l'image doit estre des milliers de milliers de fois plus mince que le corps d'un Ciron, ou qu'une de ses parties.

Mais representez-vous de plus de quelle incomprehensible subtilité doit estre une vapeur odoriferante qui remplit l'air circonvoisin veu que d'une pomme par exemple, d'une Orange, ou d'une petite vessie de Musc, il s'exhale continuellement quelque chose pendant des mois entiers, quoy qu'on n'y observe cependant aucune diminution?

Ou plutost representez-vous une Chandele qui ne soit que de la longueur d'un doigt, & qui puisse brusler, ou demeurer allumée pendant une heure entiere; s'il est vray que la diminution de cette hauteur soit continuë, & qu'il ne soit pas possible de distinguer aucun moment dans lequel il ne se separe, & ne se detache par le haut une espece de petite membrane, acause de la chaleur qui continuë incessamment, & sans qu'il se fasse aucune interruption; combien pensez-vous qu'il y ait de ces petites membranes qui se detachent incessamment l'une apres l'autre ? Il y en a certes autant qu'on peut distinguer de poincts dans la vingt & quatrieme partie de l'Equateur, ou du circuit du premier Mobile, qui viennent par ordre & successivement au Meridien. Que si au lieu d'un si grand circuit on veut prendre celuy de la Terre qui fasse son tour en vingt & quatre heures, voicy ce que l'on peut inferer. Le circuit de la Terre, selon les observations de Snellius estant de 26255 mille d'Italie, & la vingt & quatrieme partie de tous ces mille estant de 1094 mille, & par consequent de 1094000 pas, & de 5470000 pieds, dont chacun peut estre distingué en mille poincts ou parties sensibles; il s'ensuit que comme on trouve par le calcul que le nombre des petites parties est de 5470000000, le nombre des petites membranes qui s'enlevent successivement de la chandelle doit pareillement estre de 5470000000. Or, je vous prie, combien mince doit estre chacune de ces petites membranes ?

Imaginez-vous en suite non pas une

chandelle, mais quelque grand vaisseau de plusieurs toises de diametre plein d'huile, avec une meche allumée au milieu. Puisque la diminutió de la hauteur de l'huile doit pareillement estre continuë, & qu'on ne peut pas dire qu'elle se fasse avec interruption, ou que tantost elle cesse, & tantost elle recommence, & que cependát on auroit de la peine apres quelques jours de remarquer que l'huile se fust diminuée de l'épaisseur, non pas seulement d'une toile d'araignée, mais pas mesme de celle d'une de ces petites membranes de la chandelle; je vous demande derechef quel nombre de petites membranes, pensez-vous, que l'action de la chaleur ait enlevé de cette epaisseur si petite ? Car cette epaisseur ne se sera diminuée pendant tous ces jours que successivement, n'y ayant pas un moment de temps dans lequel il ne s'en soit detaché quelque chose. Il ne faut que reduire en heures, & en jours le nombre que nous venons d'apporter, & vous verrez un nombre incroyablement grand. Or, je vous demande encore derechef de quelle incomprehensible petitesse doit estre l'epaisseur de chacune de ces petites membranes?

Considerez enfin que si durant quelques jours la chaleur par son action qui est violente emporte un si grand nombre de petites membranes, lesquelles neanmoins estant ramassées ensemble feroient à peine une grosseur sensible acause de l'inconcevable petitesse ; considerez, dis-je, qu'il n'y a rien qui repugne que pendant plusieurs années, pendant mesme plusieurs siecles, une quantité indicible d'images soit continuellement enlevée de la superficie d'un corps (& cela par un ecoulement naturel) & que cependant il ne paroisse point qu'il en ait esté rien tiré de sensible.

J'ajoute mesme que quand on auroit accordé que par cet ecoulement continuel de plusieurs années il auroit pery quelque chose qui estant joint & ramassé feroit une masse sensible, il ne feroit neanmoins pas permis aux hommes de l'observer, n'y ayant personne qui aprés avoir mesuré la grandeur, ou le poids d'une piece d'or, ou de marbre, retourne derechef la mesurer apres un, ou plusieurs siecles ; ou qui peust estre certain, que de cette mesme mesure qu'il auroit entre les mains, il ne se fust aussi rien detaché par la suite du temps.

CHAPITRE XVI.

Des Qualitez qu'on appelle vulgairement Occultes.

JUsques icy nous avons parlé des Qualitez qu'on appelle *Sensibles* parce qu'elles sont apperceuës par les Sens, & de celles qui sont dites *Manifestes*, parceque l'on croit qu'elles ont des causes connuës : Il nous reste à parler des autres qui parce qu'elles ont des causes cachées, sont appellées *Occultes*. Mais à dire la verité, il n'y a ni faculté, ni qualité qui ne soit occulté lors qu'on en demande la cause, & que l'on presse. Car à l'egard des choses dont nous avons traité jusques à present, nous-nous tiendrions heureux si elles avoient seulement quelque espece de probabilité, & quoy que l'on apporte des causes qui ne sont pas tout à fait eloignées, neanmoins les prochaines qui sont celles dont l'Entendement souhaiteroit le plus d'estre eclaircy, sont toujours cachées.

C'est pourquoy si nous traitons aussi de celles que l'on appelle Occultes, nous sommes bien eloignez de proposer ce que nous en disons comme quelque chose de certain, & d'incontestable, ou d'esperer d'en venir aux causes prochaines & veritables. Nostre intention est seulement d'essayer si nous pourrons attraper la vray-semblance, ou quelque chose d'approchant en ne nous arrestant pas au simple méslange des Elemens, & de leurs qualitez, comme l'on fait d'ordinaire, mais en suivant icy le mesme chemin, & les mesmes principes que nous avons tenu jusques à present.

Pour commencer donc, nous remarquerons avant toutes choses, que de rapporter à la Simpathie, & à l'Antipathie tous ces effets qui nous paroissent admirables, c'est autant que de les rapporter à des causes occultes : Ce n'est pas qu'on doive nier que tous, ou la pluspart de ces effets que nous ne sçaurions considerer sans admiration, ne soient produits par quelque Simpathie, ou Antipathie ; mais il ne ne vous semble pas que cela se doive faire d'une autre maniere que dans les effects les plus familiers ; la Nature ne reconnoissant qu'une seule, & generale maniere d'agir, & de patir, qui consiste Premierement en ce qu'il n'y ait point d'effets sans cause, Secondement qu'aucune cause n'agisse sans mouvement, Troisiemement qu'aucune chose n'agisse sur un sujet eloigné, c'est à dire qui ne luy soit presente ou par soy, ou par quelque organe ou instrument qu'elle luy ait transmis.

Il s'ensuit delà que quand on dit que deux choses s'attirent, & s'unissent mutuellement par Simpathie, ou qu'elles se repoussent, & s'eloignent par Antipathie, nous devons entendre que cela se fait de la mesme maniere que tout ce qui nous est de plus connu, & de plus sensible, & qu'il n'y a point d'autre difference que le plus ou le moins de subtilité des organes dont la Nature se peut servir pour faire qu'un corps en attire un autre à soy, ou en repousse un autre : Je veux dire que de mesme que pour quelque attraction vulgaire que ce soit, il faut des crochets, des cordes, quelque chose qui embrasse, quelque chose qui soit embrassé ; & que pour un repoussement il faut des perches, des bastons, quelque chose qui pousse, quelque chose qui soit poussé ; ainsi pour l'attraction, & pour le repoussement non-vulgaire il faut imaginer de petis crochets, de petites cordes, de petites perches, de petis aiguillons, & autres choses semblables, qui quoy qu'invisibles & impalpables ne laissent pas d'estre ; la grossiereté de nos Sens estant extreme, & la raison nous devant persuader aussi bien qu'à Hippocrate, & à tant d'autres grands hommes, que tous les corps, ou du moins la pluspart, sont parsemez de pores par dedans, & par dehors, & qu'il se fait de continuels ecoulemens, & des transmissions insensibles des uns aux autres.

Ainsi, lorsque nous verrons de l'Ambre, ou de la cire d'Espagne qu'on a un peu frotée, & ebranlée, prendre, attirer, & retenir de petites pailles, nous-nous imaginerons qu'il en arrive de mesme à l'egard de ces corps comme à l'egard du Cameleon qui prend une mouche à trois ou quatre doigts de luy, & qui la rapporte à sa gueule par le moyen de sa langue visqueuse & recourbée qu'il lance & retire avec une vitesse tres grande; c'est à dire, que l'ambre, & la cire d'Espagne doivent lancer une infinité de petis rayons, comme autant de petites langues, qui estant entrez en se croisant, ou autrement dans les petis pores de ces choses legeres, les embrassent, les ramenent, & se les tiennent attachées.

La difficulté semble n'estre qu'à l'egard du retour de ces rayons, parce que dans le Cameleon il y a des muscles qui retirent la langue, & qu'il n'y en a point dans l'ambre: Mais de mesme que si la langue du Cameleon, au lieu qu'elle se lance d'elle mesme, estoit tirée par force avec la main, elle s'en retourneroit comme un nerf qu'on auroit etendu de force; ainsi les petis rayons attirez par la force de la friction, se peuvent retirer de la mesme maniere que des nerfs qu'on tire par une extremité, & qu'on lasche en suite. Et une marque que par la friction il se fait quelque attraction, c'est que ces sortes de choses qui tiennent de la nature de l'Ambre font graffes, & par confequent vifqueufes, & qu'il eft conftant qu'on ne fçauroit ainfi toucher en frottant une chofe vifqueufe, qu'il ne fe forme comme de certaines petites cordes, & de petis filaments.

Il fe pourroit mefme faire à caufe de la graiffe de ces fortes de chofes, que lorfque par la friction l'on ouvre les petis pores, & que les corpufcules de chaleur trouvent quelque liberté de fe debaraffer, il en fortît tout d'un coup une telle quantité, que repouffant l'Air ils le fiffent rentrer en luy mefme, comme il a efté dit à l'egard de la flamme, & que cet air retournant incontinent, & avec impetuofité en fon premier eftat, refferraft les corpufcules vers la chofe d'ou ils font fortis, & y pouffaft en mefme temps les petites pailles qui s'y rencontrent. Or de quelque maniere que fe faffe la chofe, il faut de neceffité qu'il intervienne de petis organes invifibles, par le moyen defquels l'attraction, ou le pouffement fe faffe.

Mais pour ajouter un mot de ce pouffement, ou repouffement qui fait qu'on dit qu'une chose se retire d'une autre, & la fuit ; d'où vient, ie vous prie, que la Main, ou la Jouë se retire, & fuit à l'approche d'une Ortie, si ce n'est que cette infinité de petites pointes de l'ortie, sont comme autant d'aiguilles, qui en picquant les parties les contraignent de se detourner, & de se retirer ?

D'où vient pareillement que les Narines fuyent une mauvaise odeur, si ce n'est parceque les corpuscules de cette vapeur infecte qui s'exhalent de la pourriture proche de laquelle on passe, entrent dans les narines, picquent l'organe, & le dechirent ? Et ces corpuscules ne semblent-ils pas estre comme autant de petis dards tres aigus qui en font autant dans les narines que les petites pointes d'ortie sur la jouë, & sur la main ? Certes, comme l'ortie exprime, ou fait sentir la force de ses petites pointes sur la peau, & non pas sur les ongles, parce qu'elle ne les peut pas percer de mesme ; ainsi une vapeur forte & infecte exprime les siennes sur l'organe de l'odorat seulement, & non pas sur la peau qu'elle ne sçauroit aussi percer, & dechirer.

D'ou vient enfin que l'Oeil se detourne d'une chose laide & vilaine, si ce n'est que l'espece visible est formée de certains petis corps, qui estant figurez, disposez, & tissus d'une telle maniere, penetrent aussi dans la retine, la picquent & contraignent l'œil de se retirer, & de se detourner? Et ces petis corps ne doivent-ils pas aussi estre comme de certains petis dards, qui n'estant pas capables d'exprimer leur force sur la peau, & sur d'autres parties du corps, la peuvent exprimer sur la retine qui est autrement disposée, & par consequent capable de sentir cette picqure?

Toute Simpathie, & Antipathie semble donc estre reduite en acte par de petits organes corporels, qui sont propres ou pour attirer, & embrasser, ou pour repousser, & ecarter. Et de là nous pouvons prendre une idée de la cause generale de l'Amour, & de la Haine, & nous-nous devons imaginer que cette motion douce & convenable, ou rude & disconvenable qui s'est faite dans la retine, dans le nerf Optique, ou dans les autres nerfs destinez au sentiment, parvenant au cerveau, affecte

affecte le sens d'une telle maniere, que selon que la perception est agreable, ou desagreable, il s'ensuit ce mouvement d'inclination, de poursuite, & d'amour, ou ce mouvement d'aversion, & de fuite à l'egard de cette chose qui a meu, & excité le Sens.

Nous devons de mesme comprendre, que si les choses semblables se plaisent à leurs semblables, & s'associent avec elles, & que le contraire arrive dans les choses dissemblables, ce n'est que parce qu'il se fait de part & d'autre, ou du moins d'un costé, une emission de petis corps qui affectent & meuvent doucement & agreablement, ou d'une maniere rude, disconvenante, & desagreable.

Apres avoir remarqué ces choses, les Qualitez peuvent estre censées ou Generales, ou Particulieres. La generale est la Conspiration des parties de l'Univers, & l'Influence des corps Celestes icy bas. La Fuite du Vuide d'ou s'ensuivent mille effets admirables, se rapporte ordinairement à cette conspiration des parties de l'Univers; non pas que cela se fasse par cette pretenduë crainre ou horreur du vuide, comme nous avons déja montré, mais par la fluidité naturelle des parties de l'eau, ou de l'air, qui fait que ces corps, & autres semblables, coulent & se repandent dans le lieu qui vient d'estre abandonné?

Plusieurs effets se rapportent aussi aux influences celestes, mais à l'egard de ce que nous content les Astrologues, nous n'avons assurement point tant d'affinité, & de societé avec les Cieux, que les Cieux prescrivent toutes nos actions singulieres, & tout ce qui nous arrive. Quant au flux, & au reflux de la Mer que l'on atttribuë ordinairement aux influences de la Lune, nous en ferons un Traité particulier, & montrerons comme Seleucus, & apres luy Galilée, l'explique avec beaucoup plus de probabilité par le mouvement qu'il attribuë à la Terre.

Des Qualitez occultes Particulieres l'on en peut faire deux especes, dont l'une contiendra celles qui se trouvent dans les corps Inanimez, & insensibles, & l'autre celles qui se trouvent dans les Animaux. La vertu de l'Ambre dont nous venons de parler, &

celle de l'Aiman dont nous parlerons ensuite, regardent la premiere espece. Il en est le mesme de cette faculté de l'Or par laquelle il attire le vif-argent, & de celle du cuivre par laquelle il attire l'argent qui est dissous par l'eau-forte ; les rayons qui sortent de l'or, & du cuivre attirant à soy les corpuscules insensibles qui sont repandus dans cette eau, quoy qu'ils soient d'ailleurs incapables d'attirer une masse considerable.

Remarquez cependant icy une chose admirable, que les petis grains d'argent, ou d'or, quoy que plus pesans que les corpuscules d'eau-forte, ne laissent pas d'estre soutenus au dedans de cette eau ; ce qui vient peuteftre des sels qui sont meslez, & repandus dans l'eau, & qui se soutenant les uns les autres avec quelque espece de liaison, soutiennent aussi les petis grains de metail qu'ils ont rongez, & embrassez ; & une marque de cecy est, que si l'on y jette de l'eau commune dans laquelle on ait auparavant versé quelques gouttes d'huile de tartre, les petis grains de metail descendront incontinent au fond ; comme si cette nouvelle eau en penetrant, & diſſolvant ces ſels, rompoit leur liaiſon, interrompoit leur continuité, & donnoit ainſi le moyen aux petis grains de metail de tomber incontinent par leur propre poids ; ce qui ſemble eſtre la cauſe de toutes ces Precipitations dont nous parlerons ailleurs.

L'on rapporte encore à cette premiere eſpece l'attraction de l'eau qui ſe fait par l'Eponge, ou par quelque morceau de drap, & generalement par toutes les choſes qui ſont fibreuſes, ou fenduës comme une plume à ecrire ; mais ni l'eponge, ni aucune de ces autres choſes ne ſemblent point tant attirer l'eau, que l'eau ſemble monter par les petites fentes, ou paſſages, & canaux tres etroits qui ſe trouvent entre les fibres, ou qui ſont formez par les fibres meſmes. Car comme l'air qui eſt dans ces petites fentes ou canaux fibreux, aſpres, & poreux, eſt ſoutenu par ces inegalitez, & petites fibres inſenſibles auſquelles il eſt adherant, & comme attaché, & qu'ainſi il eſt moins peſant, & par conſequent moins reſiſtant que l'air d'alentour, ce n'eſt pas merveille que l'eau qui d'ailleurs eſt pressée par toute la masse pesante de l'air, comme il a esté dit en parlant du grand Vuide, monte par ces petis canaux où elle trouve moins de resistance, & qui sont comme vuides à l'egard de tout l'espace circonvoisin qui est remply d'un air qui n'estant soutenu par aucune chose, pese egalement sur toute la surface de l'eau, & la retient à une mesme hauteur.

L'on doit aussi rapporter à cette mesme & premiere espece le tremblement d'une corde tenduë à l'Unisson avec une autre, cependant que les autres cordes discordantes qui sont proches & tenduës sur le mesme instrument demeurent immobiles : Car lorsque l'on pince une de ces deux cordes, la corde qui est meuë par un certain nombre d'allées & venuës pousse & meut l'air de la mesme maniere, lequel venant à rencontrer l'autre corde, & la poussant aussi de la mesme maniere, la fait aller & venir de mesme, cette corde ne trouvant rien qui l'empesche de retourner, parce que la corde qui est pincée retourne en mesme temps qu'elle : Mais si l'air poussé rencontre une corde diversement, & inegalement tenduë, il est vray qu'il luy imprimera divers coups, ou allées, & venuës, mais qui s'empescheront les unes les autres ; parceque lorsque la corde retournera, elle rencontrera au milieu de sa course un flux d'air qui l'arrestera, comme nous avons dit en parlant du Son.

Il en est le mesme lorsque la voix d'un homme qui chante proche d'une Guitarre a de la convenance avec les cordes de cet instrument; car les cordes tremblent d'une telle maniere qu'il s'excitent un bourdonnement au dedans de la Guitarre, & un concert qui s'entend, au lieu qu'il n'arrive rien de la sorte si la voix est discordante.

Vous demanderez peuteftre d'ou vient que certaines Plantes ont de l'aversion pour les unes, comme la Vigne pour le Chou, & pour la Ruë, & de l'inclination pour les autres, comme cette mesme vigne pour l'Orme. Je reponds qu'outre cette raison generale qui se peut prendre de la diversité des petis corps qui sortent des plantes, & de la diversité des contextures de ces mesmes plantes, qui fait que certains petis corps sont conformes à certaines plantes, & contraires aux autres, d'où peut naiſtre l'amour ou la haine, comme nous avons deja dit; l'on pourroit dire que certaines plantes paroiſſent amies, ou ennemies, Ou de ce qu'eſtant plantées les unes proche des autres, elles ſe plaiſent au meſme aliment, d'où vient que l'une & l'autre, ou l'une des deux qui n'a pas tant de force que l'autre pour attirer, ſe ſeche, & ſe fletrit, comme l'on dit du Chou, & de la Ruë, de la Fougere & du Roſeau, du Cheſne & de l'Olivier: Ou de ce que l'une choiſit, & attire l'aliment qui eſt nuiſible, ou inutile à l'autre, & qui luy eſt toutefois profitable, ce qui la fait croiſtre & profiter, comme l'on dit de l'Ail, lequel eſtant planté proche de la Roſe la rend plus odoriferante, comme s'il choiſiſſoit tout ce qu'il y a de principes forts, & de mauvaiſe odeur repandus dans la terre pour s'en nourrir : Ou de ce qu'il ſe fait un certain ecoulement d'une plante à l'autre qui contient une vertu ſeminale, & prolifique, ainſi qu'on dit de la Palme femelle qui eſtant plantée proche de la Palme maſle eſt renduë feconde, au lieu qu'elle demeureroit sterile si elle en estoit eloignée ; cette palme femelle s'inclinant d'ailleurs vers la palme masle comme pour l'embrasser, & profiter non seulement de cette espece de souffle qu'elle en reçoit, mais encore de cette poudre qu'on tire de sa fleur, & qu'on repand sur elle : Ou enfin de ce qu'il sort & s'ecoule quelque chose d'une plante qui fait meurir les fruits d'une autre, ce que l'on dit du Figuier sauvage qui estant aussi planté proche du domestique, en fait meurir les fruits, comme la palme masle fait meurir ceux de la femelle quand elle luy est voisine.

Quant aux Qualitez occultes qui se trouvent dans les Animaux, telle qu'on dit estre la Haine naturelle de la Brebis pour le Loup qu'elle n'aura mesme, dit-on, jamais veu auparavant, celle d'un Poulet pour le Milan, celle d'un Pigeon pour l'Epervier, &c. je remarque que l'inimité n'est pas mutuelle comme on dit ; car la brebis hait bien le loup, & avec raison, puisque le loup la dechire & la mange, mais le loup ne hait pas de mesme la brebis ; au contraire il l'aime comme une chose qui luy est convenable, &

agreable. Ainſi nous ne haïſſons pas une pomme que nous cueillons d'un arbre, que nous mordons, & que nous mangeons, quoy que la pomme, ſi elle ſent, nous doive extremement haïr. Partant, de meſme qu'un homme qui a grande envie de manger une pomme, jette ſes yeux & ſon affection ſur elle, de meſme le loup jette, & tend ſes regards ſur la brebis, luy lance premierement de certains rayons ſecrets, & luy darde des corpuſcules du nombre de ceux qui ſont nez pour dechirer la brebis, & qui ne peuvent entrer dans les yeux, ni penetrer dans le ſens de la brebis, qu'ils n'affectent ces parties deſ-agreablement, ou ne leur ſoient faſcheux & incommodes, & ne contraignent la brebis à ſe retirer en arriere, & à fuïr.

Je ne peus certainement m'empeſcher un jour de regarder avec quelque etonnement un troupeau de Cochons dans le Marché qui ſe mirent tous à grounir, & à regarder de travers quand le Boucher paſſa proche d'eux, comme ſi les veſtiges des porcs fraichement tuez qui auroient demeuré dans les habits du boucher, dans ſes mains, &

dans son couteau, eussent encore respiré un pareil carnage; & comme s'il leur eust envoyé de certains petis corps qui ayant esté tirez de force des porcs egorgez, & qui souffrant des mouvemens etrangers, causassent une horreur, & menaçassent d'un semblable egorgement.

L'on peut à peu prés dire le mesme du sang d'un homme fraichement tué, qui est emeu à la presence du Meurtrier (si toutefois ce que les Loix n'improuvent pas est veritable) comme s'il se pouvoit encore faire quelque espece de combat entre les esprits de l'homme tué qui restent dans le sang, & les petis corps qui viennent du meurtrier semblables à ceux qui dans le temps de la blessure ont causé une grande horreur.

Ce que je dis du Loup, & de la Brebis, & autres semblables, se doit entendre du Crapau, & de la Belette, avec cette difference neanmoins que le loup pour tuer la brebis, envoye comme de petis dards, ou de petites fleches affilées qui la repoussent cependant; au lieu que le Crapau envoye comme de petis crocs, & de petites cordes par le moyen desquelles il empoigne la Belette, & l'attire à sa gueule, quoy que malgré elle, & en resistant, & se plaignant.

Mais que dirons-nous du Basilic, & autres qui tuënt par leur seul regard? Il faut sans doute (si ce qu'on en dit est veritable) que les esprits ou rayons qu'il envoye & lance de ses yeux, & de sa gueule (car on dit qu'il sifle horriblement) soient tres venimeux, c'est à dire si subtils, & si forts qu'ils penetrent la substance spiritueuse de l'animal, la troublent, la renversent, & la rendent inhabile aux fonctions de la vie.

Que dirons-nous aussi du Chant du Cocq, & du Groüinement du Porc, dont le premier, dit-on, epouvante le Lion, & le second l'Elefant, si ce n'est qu'il y a une telle difformité, disproportion, & contrarieté des corpuscules de ces sons avec la contexture de l'organe, qu'en penetrant il la picquent, & la dechirent, & font naistre l'apprehension d'un grand danger? Et c'est apparemment pour cette raison que nous frissonons au son d'une Sie, & que nous avons de l'aversion pour toutes les dissonances, comme nous avons dit ailleurs en parlant du Son.

Ce qui a esté dit du chant du Cocq me remet en memoire une chose surprenante qu'on raconte de la Tarentule cette espece d'Aragnée venimeuse de la Poüille. L'on dit qu'un homme qui en a esté mordu (tel que nous en avons veu un) est tellement touché de certains airs qu'il ne peut les entendre sans se sentir comme forcé à sauter, & à resauter sans cesse, & c'est le seul moyen qu'on ait trouvé pour luy redonner la santé; cette agitation violente qui dure à chaque fois un quart-d'heure ou environ avant que l'homme tombe lassé & comme à demy-mort, dissipant le venin, & le faisant exhaler par la sueur. Or cecy n'arrive-t'il point a cause que le venin change la temperature du corps, & que sur tout il affecte tellement l'organe de l'oüye qu'il acquiert une certaine conformité & proportion avec ces sons ou chants qui font impression sur la Tarentule mesme? Car comme il y a diverses especes de ces Tarentules, le R. Pere Kircher ecrit que les unes sont excitées par une espece particuliere d'air ou de chanson, & les autres par un autre, enforte que lorsque le Joüeur d'instrumens, ou le Chantre fait divers sons, les unes sont tantost excitées & contraintes de sauter en cadence, & tantost les autres, chaque Tarentule cessant de sauter quand le son qui luy est propre cesse; d'ou il semble qu'on peut conjecturer que le venin de ce petit animal repandu par le corps de l'homme, & meslé avec les esprits, estant excité par la mesme espece de son, fait les mesmes mouvemens, & les imprime aux esprits, qui par l'entremise des nerfs & des muscles font faire des sauts qui s'accordent à la mesure, & à la cadance.

Cela nous rend moins incroyable ce que l'on dit ordinairement de l'Enchantement des Serpens, qui ont, dit-on, d'ailleurs tant d'aversion pour une baguette de Corneiller, que si quelqu'un sçait s'en servir adroitement, il arrestera un serpent, & le fera aller & venir comme il voudra, enforte que cela paroitra comme une espece d'Enchantement.

Mais n'y a-t'il point quelque vertu dans les paroles dont se servent les

Sorciers ou Enchanteurs ? Non certes, à mon avis, si ce n'est entant que ce sont des Sons qui peuvent emouvoir le sens ou doucement, ou asprement ; d'où vient qu'excepté quelques cas particuliers dans lesquels Dieu peut permettre que le Demon agisse (ce qu'apparemment estant bon comme il est, il ne permet pas facilement) toutes ces autres choses qui se disent des Sortileges & Enchantemens semblent de pures fables. C'estpourquoy, lorsque quelqu'un devient maigre, & Etique, il n'a pas de sujet de s'en prendre aux paroles d'une Sorciere, & à des Images qu'on aura picquées, & autres choses semblables, mais il doit s'en prendre à son estomac, à son poûmon, à sa tristesse, & à son chagrin.

De mesme, si les Champs deviennent steriles, si les Troupeaux s'amaigrissent, s'il gresle sur les Moissons, il y a assurement d'autres causes que ces imprecations magiques. De mesme encore, lorsque l'on revient d'une maladie, il faut attribuer le recouvrement de sa santé ou à la vigueur de la Nature, ou aux Medicamens qui ont precedé, ou au bon regime de vivre, ou à d'autres causes : Et toutes ces sortes de preservatifs qui s'appliquent au col, ou au bras avec ces paroles, & inscriptions mysterieuses, semblent de pures resveries, si ce n'est qu'ils contiennent des herbes, ou autres choses semblables qui soient propres pour chasser les maladies.

Il ne faut veritablement pas nier que l'imagination du malade, & la confiance qu'il a dans ces badineries ne puisse contribuer quelque chose, car l'on sçait que la bonne opinion qu'on a prise d'un Medecin, & l'esperance entiere qu'on a en ses remedes relevent le courage, & donnent de la force, mais il ne faut pas pour cela attribuer aucune efficace à tout cet appareil superstitieux. Et il en est le mesme de l'Enchantement d'amour, du Nouëment d'aiguillette pour l'impuissance, & autres choses semblables, qui ont assurement d'autres causes que ces sottises, si ce n'est que l'imagination, la persuasion, l'esperance, ou la crainte ne contribuent quelque chose.

Mais que dirons-nous d'une Vieille qui ensorcelle un Enfant qui n'a pas encore cette force d'imagination ?

Pourrons-nous point dire que la Vieille (s'il est vray qu'elle fasse quelque chose) aidée par la force maligne de son imagination qui contribuë à la contention des nerfs, & des muscles, darde de certains esprits malins comme des rayons, & de petites fleches pointuës & insensibles qui blessent le corps tendre, & delicat de l'Enfant, si principalement il n'est pas eloigné? Car qu'elle le puisse incommoder ou tuer dans un grand eloignement, quelque effort de regard & d'imagination qu'elle puisse faire, c'est ce qui n'a aucune vray-semblance. Ce qui nous peut neanmoins faire croire qu'elle peut n'estant pas fort eloignée nuire par les esprits malins qu'elle lance, c'est ce que l'on dit de certaines femmes qui infectent un miroir lors qu'elles ont leurs mois, & qu'on experimente qu'un chassieux communique son mal, qu'un homme qui tousse excite l'envie de tousser, celuy qui baaille celle de baailler, celuy qui urine celle d'uriner, & ainsi de certaines autres choses de la sorte.

Que peut-on dire pareillement de la Torpille, si ce n'est qu'elle envoye hors d'elle une exhalaison des certains petis corps qui entrant dans les pores du pied, de la main, ou de quelque autre partie du Corps, assoupit les esprits qu'elle rencontre, & rend ainsi la partie engourdie, tremblante, & inhabile au mouvement?

Que peut-on dire encore du Remora? Certes, si ce qui s'est rendu celebre & fameux de ce petit poisson est veritable, il ne semble pas qu'un Navire puisse estre ainsi arresté si ce n'est que tendant vers un endroit, le Remora qui luy soit attaché fasse effort au contraire: Je dis si ce que l'on en dit est veritable; car bien qu'on ne doive pas nier, pour le respect qu'on doit à l'Histoire, que les Navires de Periandre, d'Antigonus, & Caligula n'ayent esté arrestez, il semble toutefois que cela se doit rapporter à une autre cause qu'à la force de ce petit poisson. Il est certain que plusieurs autres navires se sont depuis arrestez, s'arrestent encore tres souvent, quoy que fortement poussez par le vent, & par les rames; mais on observe que le mouvement contraire de la Mer qu'on appelle ordinairement le Courant, en est la cause, & principalement dans les lieux etroits : Et si les Plongeons ont trouvé deux ou trois fois une espece de petit poisson approchant d'un grand limaçon attaché à un navire, ce n'a esté qu'un pur hazard, & l'on a pris pour la cause d'un effet ce qui n'en estoit pas mesme le signe, comme quelques-uns interpretent : Outre qu'il est à croire que quand on a trouvé un de ces petis poissons attaché au gouvernail du navire de Caligula, l'on n'a pas fait toute la diligence possible pour voir s'il n'y en auroit point aussi quelqu'un attaché aux autres navires.

Au reste, ces Venins mortels ne semblent pas pouvoir agir, comme nous dirons plus au long ailleurs, que par une transfusion de substance, qui bien que tres petite en quantité, peut neanmoins a cause de la subtilité, & de la mobilité des corpuscules dont elle est formée, penetrer facilement dans le corps, & amortir la vigueur des esprits qu'elle rencontre, changer la disposition, la temperature, & l'habitude des parties, separer, attirer, & s'approprier les corpuscules qui ont de la ressemblance avec elle, s'etendre, & avancer jufques à la fource des efprits, empefcher les fonctions principales de la vie, & caufer ainfi une deftruction totale.

Il en eft le mefme de la vertu medicinale des Antidotes, il ne paroit pas auffi qu'elle puiffe eftre communiquée autrement que par une tranffufion de fubftance, qui penetrant pareillement au dedans du corps, arrefte l'impetuofité pernicieufe du venin, en le reprimant, le repouffant, & le diffipant, ou en l'attirant, ou bien en fortifiant, & tirant du fecours des venins mefmes contre le venin.

Ce que je trouve icy d'admirable eft, que le Scorpion, & l'Aragnée eftant ecrafez fur l'endroit où ils ont picqué ou mordu, en retirent tout auffitoft le venin, ou l'arreftent; ce qui n'arrive, à mon avis, de la forte que parce que la fubftance de l'animal ecrafé tient lieu d'eponge, en ce que les parties qui avoient efté feparées, & etenduës par l'ecrafement, fe refferrent, & fe retirent par le moyen de leurs petis nerfs, & que ramenant avec elles le venin qui leur eft adherant, elles ramenent en mefme temps celuy qui avoit esté repandu par la picqure.

Cecy se fait par la mesme raison que la lessive de savon tire l'huile du drap; car comme les particules d'huile qui sont dans le drap s'associent aisement, comme nous avons dit, avec les particules d'huile qui sont dans le savon, & que ces dernieres attirent avec elles les premieres lors qu'elles sont elles-mesmes attirées par le sel auquel elles sont inseparablement adherantes, ce sel estant exprimé avec l'eau qui en est chargée; ainsi les particules de venin qui sont dans la playe s'associent aisement avec celles qui sont dans l'animal ecrasé, & lors que ces dernieres sont retirées & ramenées vers le corps de cet animal ecrasé, elles attirent en mesme temps les premieres, & les retirent de la playe, comme si elles les suçoient. Ainsi nous avons dit que la Neige attire les particules de froideur d'un fruit, ou d'un animal gelé, & que le feu attire les particules de chaleur d'un membre bruslé. Ainsi l'on sçait que les sucs acides tirent l'ancre du linge en attirant le vitriol qui est luy-mesme acide, & qui entre dans la composition de l'ancre. Ainsi les Peintres sçavent tirer la couleur d'un tableau par le moyen de l'huile dont ils le frotent, cette huile tirant celle avec laquelle la couleur est meslée & adherante. Ainsi tous les Antidotes, ou du moins ceux qui ostent le venin par la purgation, semblent l'attirer de la mesme maniere, & le retirer hors du corps.

Aussi est-ce pour cela que l'on a accoutumé de comparer la Theriaque avec le savon, en ce que le venin (ou du moins les parties de la Vipere qui ont quelque convenance avec le venin) qui entre dans la composition de la Theriaque, tient lieu de l'huile qui entre dans la composition du savon ; car comme on mesle inseparablement l'huile avec le sel, afin que le sel qui la retient l'empesche d'infecter de nouveau le drap, & qu'elle puisse cependant estre meslée avec l'huile dont le drap est deja infecté, & l'attirer lors qu'elle est elle-mesme attirée par le sel ; ainsi l'on mesle inseparablement le venin de la Vipere avec tant de medicamens divers dont la Theriaque est faite, afin que ces Medicamens le retiennent, & l'empeschent de se repandre dans le corps, & d'augmenter le mal, & qu'il puisse cependant se mesler de telle maniere avec le venin dont le corps est deja infecté, que lorsque ces medicamens sont tirez du corps soit par la sueur ou autrement, & qu'ils emportent avec eux le venin de la Vipere qui leur est joint, ce venin emporte avec soy l'autre venin avec lequel il s'est associé dans le corps.

Je tiens mesme pour probable que c'est la maniere generale par laquelle tous les Medicamens purgent les humeurs du corps, & qu'il y a autant de raison de dire que les semblables sont gueris par les semblables, ou les dissemblables par les dissemblables, que de dire que l'huile peut estre tirée du drap & par quelque chose qui luy est semblable, asçavoir par l'huile qui est dans le savon, & par quelque chose qui luy est dissemblable, asçavoir par le sel, ou par l'eau qui emporte l'huile qui luy est inseparablement meslée.

Je ne diray rien de ceux qui pour s'estre peu à peu accoutumez aux venins, n'en sont point incommodez, comme on dit de Mitridate, de la Vielle d'Athenes, & de quelques autres : L'on sçait que ces personnes changent d'une telle maniere la temperature de leur corps, & la rendent enfin telle peu à peu & insensiblement, que les venins ne leur sont pas plus venins qu'aux Serpens mesmes, & aux autres choses venimeuses de la sorte.

Ce qui meriteroit icy, ce semble, d'estre traité un peu plus au long, c'est l'Onguent de Sympathie, & cette poudre de Vitriol calciné à laquelle on attribuë depuis quelques années les mesmes effets qu'on attribuë à l'Onguent. Car l'on sçait qu'il y en a quantité qui pretendent que cet onguent peut guerir la playe d'un homme qui sera eloigné de plusieurs lieuës, pourveu qu'on l'applique sur une epée, sur du linge, sur du bois, ou sur quelque autre chose qui soit teinte du sang de la playe, ou tachée du pus qui en aura sorty : Mais si vous exceptez la vertu du Vitriol qui est astringente, propre à arrester le sang, & à faire la cicatrice, & l'esprit qui s'en exhale, qui peut estre capable d'agir à la distance de quelques doigts, le reste semble estre une pure fable. Et certes, quoy qu'on apporte mille guerisons qu'on attribuë à cet onguent, ou à cette poudre, il eſt neanmoins etonnant de voir juſques où va la credulité des hommes, & combien il y a peu de perſonnes qui ne prennent plaiſir à tromper, ou à eſtre trompez, ou qui puiſſent ne ſe laiſſer pas tromper.

Ceux-là meſmes qui agiſſent de bonne foy, & qui ne ſont pas tout à fait negligens, ſemblent ne prendre pas garde que bien que la gueriſon de la playe ſuive quelquesfois apres cette application de l'onguent ſur l'epée, ou ſur le linge, il arrive auſſi fort ſouvent que le bleſſé meurt, ou que ſi la playe ſe guerit, cela vient de ce qu'elle eſt tenuë bien nette (car c'eſt une condition qui ſe preſcrit toujours) & meſme lavée avec de l'Urine qui eſt deterſive, & aſtringente ; la charnure, la conſtitution naturelle, & la faculté animale eſtant tellement bonne & loüable dans celuy qui eſt bleſſé, que la playe ſe conſolide d'elle-meſme ſans qu'il ſoit neceſſaire d'autre choſe que de la bien nettoyer ; ce qui arrive à l'egard des Chiens qui ſe gueriſſent eux-meſmes de leurs bleſſures en les leſchant ſimplement, & en les nettoyant

toyant avec la langue, & la salive. Je sçay bien qu'on dit des merveilles de cet onguent, & de cette poudre, & que la force de la Nature surpasse toute croyance ; mais il ne s'ensuit pas pour cela qu'on doive ainsi d'abord ajouter foy à toutes sortes de contes & de resveries, & principalement lorsque ce grand & evident principe naturel, *Que rien n'agit sur ce qui est distant*, s'y oppose.

Et il est inutile de feindre cette grande Ame du Monde, qui estant repanduë de toutes parts, exprime, ou fasse paroitre la vertu de l'onguent qui est icy jusques à cinquante lieuës où est la playe ; car comme cette Ame doit aussi bien estre presente à toutes les autres blessures qui sont dans le Monde comme à celle-cy, elle les devroit toutes guarir egalement.

Pour ce qui est des Vins qui se remuent, & se troublent dans les tonneaux lorsque les Vignes sont en fleur, il ne paroit pas qu'on puisse dire autre chose sinon qu'il y a pour lors de petis corps vineux diffus & repandus de tous costez, & que ces petis corps penetrants dans les tonneaux, meuvent,

& agitent leurs semblables qu'ils y trouvent ensorte que l'agitation se communiquant jusques à la lie, tout le vin se trouble jusques à ce que les fleurs manquant, & la diffusion ou l'epanchement, la penetration, & l'agitation cessant, la lie s'affaisse, & le vin devienne clair comme auparavant.

L'on pourroit peuteſtre meſme expliquer par cet epanchement pourquoy les Taches ou marques de Cerises, de Meures, de Fraises, & autres semblables fruits, lesquelles sont imprimées dés le ventre de la Mere, deviennent rouges & reprennent de la vigueur au temps de ces meſmes fruits; comme si une exhalaison de petis corps semblables à ceux qui les ont formées eſtoit alors repanduë dans l'air, & qu'elle les ranimaſt dans cette Saison.

LIVRE II.
DE LA GENERATION, ET DE LA CORRUPTION.

CHAPITRE I.

En quoy la Generation, & la Corruption sont differentes de l'Alteration.

APRES avoir parlé des Qualitez ausquelles se terminent divers changemens qui arrivent dans la Nature, nous traiterons de la Generation, & de la Corruption; & nous examinerons principalement s'il se produit quelque nouvelle substance par la generation qui perisse par la corruption ; ou si la generation se termine seulement à quelque qualité, c'est à dire à quelque mode, ou façon d'estre de la matiere qui se fasse & paroisse par la Generation, & s'evanoüisse par la Corruption.

Ce qui est d'admirable, & qui doit d'abord estre remarqué, c'est qu'afin que la Generation, & la Corruption soient distinguées des autres changemens, l'on veut ordinairement que la Generation soit conceuë comme estant une production d'un corps naturel, qui n'ayant point esté auparavant, commence premierement alors d'estre dans la nature, & d'estre constitué dans un certain genre des corps naturels, d'ou il tire sa denomination, & d'ou il soit dit ou Homme, ou Brute, ou Plante, ou Pierre, &c.

Et l'on veut au contraire que la Corruption soit la destruction d'un corps naturel, qui existant auparavant, cesse premierement alors d'estre dans la nature, & dans un certain genre de corps, & perde par consequent sa denomination soit d'Homme, soit de Brute, &c.

Or il faut remarquer qu'une chose

naturelle pouvant estre produite, & commencer d'estre, de maniere qu'on la concoive estre faite ou de rien, ou de quelque matiere pre-existante, la Generation peut veritablement comprendre l'une & l'autre maniere, mais que neanmoins les Docteurs Sacrez, en faveur de la distinction, ont coutume d'appeller Creation cette production qui se fait de rien, & qui n'appartient qu'à Dieu seul, & laissent le nom de generation à celle qui se fait de quelque chose, comme ils appellent Annihilation cette destruction qui reduit les choses à rien, & Corruption celle par laquelle les choses se resolvent en matiere.

Il faut encore remarquer que bien qu'Aristote enseigne que la Generation se termine à la substance, c'est à dire que par la generation il est produit une substance, & que la Generatió est en cela differente de l'Alteration, que l'alteration se termine à la qualité seulement ; on ne luy accorde neanmoins pas cela en tout sens, & en toute maniere. Car il est bien vray que lorsqu'il s'engendre une Plante, par exemple, la plante est une substance, & que cette substance est censée le terme de la generation, entant qu'elle sort & paroit sous une autre forme & disposition de parties, & avec d'autres accidens que ceux qu'elle avoit auparavant ; mais on ne sçauroit pas pour cela raisonnablement accorder que cette substance soit absolument & simplement produite comme n'ayant nullement esté auparavant ; veu que tout ce qu'il y a de substance, ou de matiere, & de corps dans la Plante existoit avant sa generation, & qu'il ne luy est rien arrivé de nouveau que la seule forme, qui fait qu'elle est denommée Plante.

Et il est vray que c'est cette mesme forme qu'Aristote, & ses Sectateurs pretendent estre une nouvelle substance, & estre distincte de la matiere, & du corps ; neanmoins comme nous traiterons cecy particulierement en suite, l'on en pourroit cependant prendre l'idée par rapport à quelque ouvrage artificiel, nous imaginant qu'il en est de l'agent Naturel comme de l'Artificiel, en ce que l'un & l'autre supposent une matiere pre-existante sur laquelle ils travaillent, ensorte que le naturel, de mesme que l'artificiel, introduise seulement une forme qui ne soit autre chose qu'un nouveau mode, ou une nouvelle façon d'estre de la matiere differente de la premiere, ou si vous voulez qu'on se serve de ces termes, un estat, une condition, une qualité qui succede à celle dont la matiere estoit auparavant affectée.

L'on peut se representer cela par l'exemple familier d'une Statuë, qui lors qu'elle se forme n'est autre chose qu'un bois, ou une pierre qu'on taille de telle maniere qu'il sort, & paroit une forme, ou une façon d'estre nouvelle de la matiere du bois, ou de la pierre, qui auparavant estoit d'une autre forme, ou maniere. Ainsi lors qu'il se fait une Maison, ce n'est autre chose que des pierres, de la chaux, & du sable, des solives, des ais, des tuiles, des clous, &c. qui estant auparavant dispercez çà & là, sont maintenant rassemblez en un, & sont arrangez de telle sorte que tout cet amas de matiere prend la forme de Maison, ou est de cette nouvelle maniere bien differente de celle dont elle estoit auparavant. Car la formation de la statuë, &

de celle de la maison sont veritablement terminées à une substance, la statuë & la maison estant substance ou matiere, mais il n'y a rien pour cela dans l'un ni dans l'autre qu'on puisse dire estre une nouvelle substance; puisque ce n'est qu'une nouvelle façon d'estre de l'une & de l'autre substance.

Et ne dites pas que cette façon d'estre, ou cette forme particuliere de statuë, ou de maison, n'est point le principe d'aucun mouvement interne comme la forme de la plante l'est dans la plante, & bien encore davantage la forme d'animal dans l'animal ; car cecy n'est que pour commencer à expliquer la chose, & les exemples de la Statuë de Dedale, de la Colombe d'Archytas, & des autres Automates de la sorte qu'on considereroit comme animez seroient plus propres, en ce que les Plantes, & les Animaux sont en effet des Automates naturels, au dedans desquels les principes de mouvement qui sont substantiels, materiels, corporels, sont de la mesme façon enfermez, donnez, & mis par leurs causes, qu'ils sont enfermez, donnez, & mis dans les Automates artificiels, avec ces differences que les naturels sentent, connoissent, &c. comme nous dirons dans son lieu.

De tout cecy vous pourrez connoitre le procez qu'Aristote entreprend contre la plus part des Philosophes anciens, & principalement contre ceux qui pretendent que toutes choses s'engendrent, & se corrompent par l'assemblage, & par la separation seulement, tels que sont Empedocle, Anaxagore, Leucippe, ou Democrite, Platon mesme, & Pytagore; & vous observerez en mesme temps que bien que ces Philosophes semblent nier la *Generation simple*, entant qu'ils ne veulent pas comme Aristote que la generation se termine à une substance qui soit produite de nouveau, ils ne rejettent neanmoins pas ces termes, mais seulement ils les expliquent à leur maniere. Car lorsque quelque chose naist premierement, ils disent que c'est proprement alors qu'elle est engendrée, que lors qu'elle cesse d'estre elle est corrompuë, & que lors qu'elle subsiste, & que cependant ses qualitez changent, elle est changée ou alterée; & c'est ce qu'Ovide fait si bien dire à Pythagore, que rien ne perit dans le Monde, que les choses ne font que changer de face, &c.

*Nec perit in tanto quidquam mihi credite
  Mundo;*
*Sed variat, faciemque novat, nascique
  vocatur.*
*Incipere esse aliud quàm quod fuit ante,
  morique*
*Desinere illud idem; cùm sint huc forsitan
  illa*
Hæc translata illuc, &c.

CHAPITRE II.

Que dans la Generation il ne naist pas une Forme qui soit une nouvelle Substance.

POur rependre ce dont il s'agit icy principalement, & examiner si la Forme qui naist, & paroit dans la matiere, & qui demeurant dans la chose engendrée, la constitue dans un certain genre de corps, luy donne sa denomination, la distingue des autres choses, & fait qu'elle a telles & telles proprietez, & actions, & non pas d'autres ; pour examiner, dis-je, si cette forme est quelque nouvelle substance, ou entité substantielle distincte de la matiere, ou seulement une simple qualité, ou façon nouvelle d'estre de la matiere ou substance.

Nous mettrons d'abord à part l'Ame raisonnable, ou l'Entendement, qui est la partie superieure la plus excellente, & la plus divine de la forme humaine ; car comme elle est de sa nature separable du corps, & de la matiere, & qu'elle peut subsister, & subsiste effectivement sans luy, il y a raison de dire que c'est une substance, ou une forme substantielle : Nous n'entendons parler icy que des autres Formes ou Ames des Plantes, par exemple, & des Animaux ; car c'est une chose admirable que les Philosophes avouënt que la matiere est d'elle-mesme sans forme, & que cependant ils pretendent que la forme en soit tirée, & soit une substance entierement distincte de la matiere, quoy qu'ils veüillent d'ailleurs, que rien ne perisse de la matiere, & que rien n'en soit pris qui se convertisse en forme. Car on est principalement en peine de sçavoir où estoit cachée cette forme, & que pouvoit enfin estre cette forme qui paroit de nouveau.

Ils disent avec Aristote *Que la matiere desire & appete la forme, comme la femme appete l'homme*, & que la forme estoit dans la matiere, non pas Actuellement, mais en Puissance. Mais si elle estoit dans la matiere, comment est-ce que la matiere la pû desirer comme absente ? Si elle n'y estoit pas actuellement, comment a-t'elle pû en sortir actuellement ? Si elle estoit seulement en puissance, c'est à dire, si elle a seulement pû estre receuë, comment est-ce que ne venant pas de dehors la matiere, elle naist dans la matiere ?

Ils ajoutent qu'elle est tirée de la matiere par la vertu, & par la force de la cause Efficiente; mais il ne s'agit pas de la vertu de la cause, la difficulté consiste à sçavoir comment la forme estant supposée une substance, & une vraye Entité, ou une chose distincte de la matiere, elle est tirée de la matiere-mesme. Car si lors qu'on dit que la forme est dans la puissance de la matiere, l'on accordoit que ce fust quelque portion de la matiere qui en fuſt comme la fleur, qui fuſt enſuite ſubtiliſée, & qui ſortant de la maſſe la plus groſſiere, luy fuſt derechef unie, & l'animaſt, l'on pourroit alors comprendre l'Eduction de la forme, & que cette forme ſeroit une vraye & ſubſtantielle Entité ; mais comme ils ne veulent point cela, afin de n'eſtre pas obligez de faire la matiere corruptible, & contrains de reconnoître que la forme n'eſt pas diſtincte de la matiere, & que cependant ils ſoutiennent que la ſubſtance de la forme eſtoit contenuë en puiſſance dans la ſubſtance de la matiere ; quelle peut eſtre, je vous prie, cette façon d'eſtre contenuë dans la matiere ?

Ils repondent que la puiſſance de la matiere à l'egard de la forme eſt double, l'une Eductive, entant que la forme peut eſtre tirée d'elle par la force & l'activité de l'Agent ; l'autre Receptive, entant qu'elle peut recevoir cette meſme forme qui a eſté tirée d'elle, & qu'ainſi la matiere contient la forme par cette double puiſſance. Mais en premier lieu, contenir quelque choſe par une puiſſance eductive, n'eſt, à proprement parler, qu'avoir actuellement en soy la chose qui en puisse estre tirée : Ainsi l'on dira qu'une Bourse dans laquelle il y a actuellement dix escus, contient par une puissance eductive les dix escus, entant qu'ils en peuvent estre tirez; car autrement, si elle ne les avoit pas actuellement, ils n'en pourroient pas estre tirez, & l'on ne pourroit pas dire que la bourse les contint par une puissance eductive : Or ils n'admettent pas que la matiere ait en soy actuellement la forme, & partant si elle ne l'a pas actuellement, la forme ne pourra pas estre tirée d'elle, de mesme qu'un escu ne sçauroit estre tiré d'une bourse vuidé ; ensorte que comme une bourse vuide ne contient pas un escu par une puissance eductive, ainsi la matiere qui est denuée de forme ne contiendra pas la forme par une puissance eductive.

De plus, contenir quelque chose par une puissance Receptive n'est autre chose que pouvoir recevoir la chose de la mesme façon qu'on peut dire qu'une bourse vuide contient les escus qu'elle est capable de recevoir ; mais cette puissance ne suffit pas pour que quelque chose soit tirée de ce qui a cette puissance ; car autrement on pourroit tirer dix escus d'une bourse vuide, parce qu'encore qu'ils ne soient pas dans la bourse, ils y peuvent neanmoins estre receus, ou, ce qui est le mesme, la bourse les contient par une puissance receptive : Or comme cela est absurde, il semble aussi estre absurde que la forme puisse estre tirée de la matiere acause qu'elle soit contenuë par la puissance Receptive dans la matiere ?

Veritablement s'ils faisoient la Forme non pas une Substance, mais une Qualité, ou un mode ou façon d'estre de la substance, on pourroit alors concevoir qu'elle seroit contenuë dans la puissance de la matiere, ou qu'elle pourroit estre tirée de la matiere ; parceque cela ne voudroit dire autre chose, sinon que la matiere pourroit tellement estre changée, qu'elle seroit formée d'une telle maniere particuliere, de la mesme façon qu'on dit que la forme de Mercure est contenuë en puissance dans le bois, ou qu'elle en peut estre tirée, entant que le bois peut estre formé & figuré en la statuë de Mercure ; mais parce qu'ils font de la mesme façon que si quelqu'un estimoit que l'Effigie de Mercure fust une substance nouvelle, & distincte du bois, ou generalement que la figure fust distincte de la chose qui est figurée ; ce n'est pas merveille s'ils soutiennent une chose inconcevable.

Il y en a quelques-uns, qui faisant reflection sur ces raisons, & qui voulant cependant comme les autres que les formes soient des substances, & de vrayes Entitez distinctes de la matiere, sans toutefois qu'il se perde rien de la matiere qui se convertisse en forme ; avoüent pour cette raison, que les formes ne sont pas tirées de la matiere, mais qu'elles sont crées de Dieu. Ceux-cy à la verité parlent en quelque façon plus à propos ; car en effet si la forme est quelque Entité substantielle, & n'est toutesfois pas prise de la matiere; & si elle n'est rien, & n'est nulle part avant qu'elle se fasse, & paroisse dans la matiere, il faut de necessité qu'elle se fasse de rien ; neanmoins il est fascheux de recourir si frequemment aux Miracles, de reconnoitre à chaque moment une production de rien, & une reduction à rien, de denier l'origine des formes qui semble estre la chose la plus naturelle du Monde, aux forces de la Nature, & enfin de se forger plutost ces choses, & remuer plutost Ciel & Terre, comme on dit, pour n'abandonner pas l'Opinion commune, que d'admettre une chose naturelle & facile, asçavoir que les formes ne sont pas des Entitez qui subsistent par soy, ou qui soient substantielles, mais seulement de certains modes, ou de certaines façons d'estre de la substance ou matiere.

De tout cecy l'on peut entendre dans quels embarras se sont jettez ceux qui s'opiniatrent à soutenir l'Opinion qu'ils pretendent estre d'Aristote ; je dis qu'ils pretendent, car si nous-nous en voulons rapporter à ses plus anciens Interpretes, il est clair que son Opinion a esté la mesme que celle de Philosophes dont nous parlerons cy-apres ; & s'il y a eu d'autres Interpretes contraires à ces premiers c'est toujours une chose tres considerable, que lors qu'Aristote dans ses Livres de Physique rapporte diverses manieres, ou diverses especes de generation, il donne seulement des exemples dans des choses artificielles, comme s'il vouloit insinuer que les formes naturelles ne sont pas plutost de nouvelles Entitez que les artificielles, & que de la puissance de la matiere des choses artificielles l'on doit par proportion entendre celle de la matiere des choses naturelles. Car *les choses qui sont engendrées simplement*, dit-il, *s'engendrent, ou par Transfiguration, comme une statuë qu'on fait de cuivre, ou par Addition, comme les choses qui s'augmentent, ou par Retranchement, comme un Mercure qui se fait d'une pierre, ou par Composition, comme une maison, ou par Alteration, comme les choses qui se changent selon la matiere.*

Et nous entendons aisément de là comment le Cuivre est, & peut estre dit une statuë en puissance, en ce que le faisant fondre il peut estre formé en statuë, & que la statuë n'a aucune Entité substantielle qui n'ait esté dans le cuivre informe, puis qu'il n'est arrivé aucun autre changement dans le cuivre, sinon qu'il a esté étendu & dilaté dans un endroit, arondi dans un autre, & dans un autre figuré d'une autre maniere : Et il en est le mesme à proportion d'une Maison qui se fait de pierre, de chaux, &c. de la ſtatuë de Mercure qui ſe fait d'une pierre, entant que cette ſtatuë n'a auſſi aucune Entité qui n'ait eſté dans la pierre brute, & ainſi des autres; ce qui nous fait voir que la matiere des choſes naturelles ſelon Ariſtote a la puiſſance de prendre & de repreſenter toutes ſortes de formes par Transfiguration, Addition, Retranchement, &c. & que de là il en reſulte des corps qui n'ont aucune Entité outre cette meſme matiere.

CHAPITRE III.

Que lors qu'il s'engendre quelque choſe, ce n'eſt que la Subſtance qui ſe tourne, & ſe diſpoſe d'une autre maniere.

POur en venir enfin à cette Opinion que nous avons deja inſinuée, & qui nous ſemble la plus vray-ſemblable, je veux dire celle de ceux qui ſoutiennent que la Generation, & la Corruption ne ſe font que par le ſeul aſſemblage, & par la ſeule diſſolution;

il faut prendre garde que ces Philosophes ne nient pas que la Generation ne soit terminée à la substance, entant que ce qui est engendré est effectivement substance ; ils ne nient pas aussi qu'il n'y ait une Forme par laquelle le corps qui est engendré soit une telle espece de corps ; ils ne nient pas enfin que cette forme ne soit effectivement une substance, si par ce mot de forme on entend une certaine portion la plus subtile, la plus spiritueuse, & la plus active du corps, telle qu'il est permis de concevoir l'Ame dans la Plante, & dans l'Animal.

Mais ils nient premierement que cette Forme soit une nouvelle substance, ensorte qu'elle n'ait point esté auparavant ; veu que cette portion subtile mesme, avant qu'elle penetre la plus grossiere, ou qu'elle l'affecte de telle maniere, a pre-existé quelque part.

Ils nient ensuite que ce qui outre cela est, & peut estre appellé forme, soit quelque chose de plus que qualité, c'est à dire plus qu'une certaine façon, ou maniere d'estre de la substance : Car comme ils tiennent que chaque chose est engendrée par le seul amas & concours de la matiere, ou des principes materiels & substantiels, c'est à dire des atomes qui s'unissent, & s'attachent les uns aux autres d'une certaine maniere, dans un certain arrangement, dans une position particuliere, ils tiennent aussi pour cette mesme raison que la chose engendrée, ou ramassée n'est autre chose que les premiers principes mesmes, entant qu'ils se joignent ensemble de cette maniere, & qu'ils paroissent consequemment sous cette forme ou qualité particuliere.

Ils ajoutent qu'encore que nous imaginions cette plus subtile portion comme diffuse & repanduë parmy la plus grossiere, ce n'est neanmoins pas là l'idée complete de la forme, en ce que la forme du tout, ou la qualité par laquelle il est constitué tel, resulte de la situation, & de l'ordre ou arrangement de telles & de telles parties, & non pas d'autres, des plus subtiles entre elles, des plus grossieres entre elles, & conjoinctement des plus subtiles & des plus grossieres.

Car comme une Maison n'est autre chose que les pierres, la chaux, les bois, &c. posez, & arrangez de telle maniere, & qui par consequent representent une forme quarrée, ou quelque autre forme de la sorte; & comme il n'y a rien dans cette maison qui avant qu'on la batist ne fust ou dans les Mines, ou dans les Forets, ou dans les Fleuves, ou ailleurs, & qui apres sa demolition par laquelle sa quadrature perit ne soit en quelque part ; de mesme un Cheval, par exemple, n'est rien outre les principes, ou corpuscules qui sont joints entre eux de cette maniere particuliere, avec cette conformation de membres, cette vegetation interieure, en un mot, avec cette forme, qualité, espece, ou condition particuliere, quoy que les principes qui forment les membres les plus grossiers du Cheval, & ceux qui font la tissure de cette vapeur subtile que nous appellons Ame, ayent d'ailleurs esté auparavant, ou dans les peres & les meres, ou dans les fruits, ou dans les prez, ou dans les eaux, ou dans l'air, ou ailleurs, de mesme qu'aprés la dissolution quand la forme s'evanoüit, ces mesmes principes soit des membres, soit de cette vapeur animale, restent ou dans la Terre, ou dans l'Air, ou dans des Vers, ou enfin en d'autres choses, ou lieux.

Ils ajoutent que des atomes semblables (c'est à dire qui se repondent mutuellement par leurs petis crochets, & petites anses) se peuvent premierement tirer à part, & se former en certains petis corps composez tres tenus, & tres subtils, & devenir ainsi de petites masses d'une petitesse extreme, & insensible, qui soient comme les semences des choses, & en cela seulement differentes des parties similaires d'Anaxagore qu'elles se peuvent enfin dissoudre, & peuvent estre separées, & retourner ainsi dans leurs atomes, quoy qu'avec beaucoup de peine, au lieu que les parties similaires d'Anaxagore sont indissolubles, & inseparables, & sont ses premiers principes.

De plus, que ces petites masses, ou petis tas, sont comme les principes prochains, & immediats du Feu, de l'Eau, & des choses les plus simples, tels qu'on pourroit dire estre les Elemens des Chymistes, le Sel, le Soufre, le Mercure, & autres semblables, du meslange desquels il se produit ensuite diverses especes de corps selon la diversité du meslange, & de la disposition, asçavoir les Animaux, les Plantes, les Metaux, &c.

Ils disent enfin que de la dissolution des corps plus composez, comme sont ces derniers que nous venons de dire, il en pourra naistre & estre engendré de plus simples, selon que les petites masses (ou les atomes les plus semblables entre eux) qui en auront esté tirées, & separées, se rassembleront celles-cy en cet endroit, celles-là en cet autre, & paroitront sous une nouvelle forme qui leur sera propre & particuliere, comme lorsque d'un bois qui se dissout il s'en engendre de la flamme, de la fumée, de la cendre, &c.

Lucrece nous fournit un exemple de cecy dans le Feu:

—— *Sunt quædam corpora, quorum*
Concursus, motus, ordo, positura, figura
Efficiunt ignes, mutatóque ordine mutant
Naturam, &c.

C'estpourquoy pour repeter quelque chose de la generation du feu, l'on peut dire I. à l'egard du bois qu'il est composé d'une grande diversité de corpuscules ou de masses composées de de petis corps plus simples, c'est à dire d'atomes.

II. Que ces corpuscules sont tels, qu'estant joints, meslez ensemble, & disposez d'une telle maniere, ils retiennent & conservent la forme de bois; mais qu'ils sont neanmoins aussi tels, qu'estant premierement separez, & puis ensuite joints ensemble, & disposez d'une autre maniere, ils representent d'autres formes, ou des especes de corps moins composées.

III. Que l'on doit icy sur tout reconnoitre de petis corps tres ronds, & tres mobiles qui se tirants de la masse la plus grossiere, & qui sortants de compagnie, & en abondance, pressez, & serrez, sont capables de representer du feu, ou de paroitre sous la forme de feu.

IV. Que ce sont ces petis corps qui font la flamme, qui est claire par la separation des fuliginositez, ou des parties les plus grossieres, qui monte en haut, & se termine en pointe, qui picque, penetre, & dissout pour les raisons que nous avons apportées en parlant de la chaleur, & de la legereté, & qui veritablement est un corps plus simple que le bois duquel elle sort, mais qui est neanmoins encore elle-mesme composée de lumiere, & de fumée, & des corpuscules de l'une & de l'autre qui sont encore eux-mesmes de plusieurs sortes; veu qu'il est constant, quoy qu'il en soit de la lumiere dont nous avons parlé plus haut, que la fumée bien que plus simple que la flamme, est encore composées tant des petites masses d'eau qui sont encore elles-mesmes composées, que de celles de la suye que la resolution fait voir estre encore diversement composées.

Je ne dis point que l'on peut tirer la mesme consequence du charbon que de la flamme, & que le mesme se peut dire des cendres qui sont composées de petites masses de divers sels, & de terre, & que cette terre est en partie du limon, & en partie de petis sables qui sont la matiere du verre : C'est assez d'avoir remarqué que le bois est une chose composée de tous ces genres de corps simples, petites masses, ou atomes, que la forme du bois consiste & resulte de l'assemblage, jonction, & disposition de ces corps, & que le feu ou la flamme est une chose qui resulte des diverses especes de petis corps qui estoient contenus dans le bois, & qui estant separez des autres, & ramassez ensemble, obtiennent une autre disposition, & representent un nouveau corps ; tant le meslange divers des premiers principes importe pour la diversité des choses.

Vsque adeo magni refert primordia sæpe
Cum quibus, & quali positura contineantur;
Et quos inter se dent motus, accipiantque;
Namque eadem Cœlum, Mare, Terras
 Flumina Solem.
Constituunt, eadem fruges, arbusta, animantes;
Verùm aliis alio modo commista moventur.
Corpora sic dicas, ignem si fortè crearint,
Posse eadem demptis, paucis, paucisque
 tributis,
Ordine mutato, & motu, facere aëris auras,
Sic alias aliis rebus mutarier omnes.

L'on objecte qu'il est absurde de ne faire aucune difference entre la Generion, & l'Alteration, & que c'est oster toute generation substantielle que de dire qu'il n'y en a aucune qui ne se termine à un accident ou qualité. Mais il il a deja esté dit que la generation peut toujours estre differente de l'alteration en ce qu'on dit que par la generation une chose se fait absolument, ou naist & paroit au jour premierement, au lieu que par l'alteration elle est seulement dite devenir telle, ou l'essence perseverant estre changée seulement quant aux accidens. Or de dire que c'est là oster la generation substantielle, c'est une pure question de nom; car elle est veritablement ostée si vous entendez qu'il se produise quelque chose de substantiel qui n'ait aucunement pre-existé ni selon le tout, ni selon les parties; & il n'y a aucune absurdité en cela, au contraire il n'y a rien de plus raisonnable, puis qu'autrement une chose se feroit de rien ou absolument, ou en partie : Mais elle n'est pas ostée si vous entendez qu'il sort, où resulte un composé qui ait une vraye subsistance, puisque ses parties subsistent par soy, & conjointement, & qu'elles demeurent jointes & adherantes ensemble d'une certaine maniere.

Et si l'on dit que la Generation se fait successivement, & non pas dans un instant, ou dans un temps indivisible, il faut accorder cela volontiers;

l'Entendement ne pouvant pas concevoir qu'une chose n'ait besoin de temps pour estre travaillée, & formée, ou ce qui est le mesme, pour estre engendrée. Car cette sortie, ou eruption de la forme estant un mouvement, ou ne pouvant estre sans mouvement, elle ne peut point estre momentanée; & il n'y a que la seule creation de rien, telle qu'est celle de l'Entendement humain, qui n'ait point besoin de succession.

L'on nous objecte derechef qu'il n'y auroit dans le Monde que des Tas, les principes n'estant entre-eux que contigus, & qu'ainsi il n'y auroit aucuns Estres *par soy*, mais seulement des Estres *par accident*. Mais il est constant que ce ne sera pas des tas comme sont des tas de pierres qui ne sont retenuës entre-elles par aucuns crochets, ni liens, & qui ne sont point arrangées par une disposition certaine: Car les atomes, & les autres principes qui composent, se tiennent, & s'embrassent entre-eux de telle maniere, qu'encore qu'on entende par l'Entendement qu'ils ne sont que contigus, ils sont neanmoins des choses continuës en egard au Sens ; veu que l'on ne peut pas demander selon la nature une plus grande continuité, & que d'ailleurs ils sont dans une telle position, & dans un tel ordre qu'ils constituënt des genres de corps determinez, & dont les parties conspirent generalement & mutuellement à de certaines operations particulieres ausquelles elles semblent estre destinées ; d'où vient qu'ils peuvent estre censez, & dits des Estres par soy.

Que si vous pressez neanmoins, & pretendez qu'on les doive plutost appeller des Estres par accident, que des Estres par soy, nous ne nous arresterons pas sur une dispute de nom, pourveu que comme nous venons de dire, vous demeuriez d'accord, que ce sont des Estres tout-particuliers, & dont les parties ont une certaine conspiration & correspondance d'où il resulte des facultez particulieres, & une capacité à de certaines fonctions ou operations qui ne se trouvent point dans ces tas informes ou amas qui sont sans cette liaison & conspiration mutuelle de leurs parties.

Ce devroit, ce semble, estre icy le

lieu de parler de l'acrochement, & de la force ou vertu par laquelle les atomes se prennent, s'embrassent, s'embarassent, & s'enveloppent les uns les autres, & produisent ces premieres & insensibles petites masses que nous avons dit pouvoir estre les principes Chymiques, & les semences ou pepinieres des choses; mais outre ce que nous en dirons ensuite, il est clair, en un mot, que cela se doit rapporter aux mouvemens, aux petis crochets, & aux petites anses par le moyen desquelles ils se joignent, s'embrassent, s'insinuënt, & s'embarrassent mutuellement les uns entre les autres. Car bien qu'ils ne soient pas tous generalement ni dans toute leur superficie crochus, aspres, rabouteux, & rameux, il arrive néanmoins que lorsque par leurs agitations frequentes ils se rencontrent, & se touchent diversement, il y en a enfin quelques-uns qui avec leurs petis crochets prennent les petis crochets ou les petites anses des autres, & que cependant il s'en prend plusieurs entre-deux de plats, d'angulaires, de spheriques, & autres de la sorte qui ne pourroient ni prendre, ni estre pris, comme n'ayant ni anses ni crochets.

Et je ne vous dis point comment entre les atomes qui enveloppent, & ceux qui sont enveloppez, il y en a qui s'appliquent, & s'ajustent bien mieux entre-eux les uns que les autres, en sorte qu'ils laissent moins de vuides interceptez. Je ne vous dis point aussi que les atomes sont quelquefois presque tous entierement, & de tous costez crochus & rameux, & qu'il arrive quelquefois ou que plusieurs ont peu de crochets, ou que peu en ont beaucoup, par où nous avons tasché de rendre raison de quelques effets, & qualitez qui sont dans les choses, comme de la rareté, de la densité, de la mollesse, de la dureté, &c.

Ce devroit encore, ce semble, estre icy le lieu de dire d'où vient que les petites masses ou petis tas venant à s'augmenter, & que les atomes s'estant enfin diversement joints & assemblez en une masse plus grande & plus sensible, il naist plutost cette espece de chose que cette autre : Mais il est visible que cela est contingent, & que cela arrive selon la condition particu-

ET DE LA CORRUPTION. 369

liere des atomes qui s'assemblent, en ce que s'estant trouvez estre de cette grandeur, & de cette figure particuliere, il a fallu qu'ils se soient joints ensemble dans cette situation, & dans cet ordre particulier, ensorte que ces premieres & seminales petites masses particulieres se soient faites, & puis que de l'amas ou assemblage de ces petites masses il en soit né ensuite cette espece de chose là & non pas une autre; ce qui arrive à peu prés à l'egard des Nuées qui errent en l'Air çà & là, & qui viennent enfin à representer des Gruës volantes, des Dragons, des Geans, des Montagnes, & autres diverses especes de figures selon les divers meslanges des petis corps dont elles sont formées.

Il nous reste donc seulement icy deux choses à toucher. La premiere, que les manieres particulieres de generation sont innombrables, indicibles, & incomprehensibles. Car si de 24. lettres de l'Alphabet il s'en fait une diversité incomprehensible de dictions, & qui ne se peut exprimer que par trente-neuf chiffres de la sorte 295232799903960414084761860996

Q 5

43520000000. que devons-nous penser, non de 24. mais de ces innombrables diversitez de figures qui se trouvent dans les atomes ?

La seconde, que comme de tout bois, ou de toute pierre il ne se fait pas un Mercure, & que comme de toute sorte de meslange de lettres il ne s'en fait pas des voix propres pour estre leuës, & prononcées ; de mesme aussi dans les choses naturelles, toutes choses ne se font pas de toutes choses ; je veux dire que tous les atomes ne sont pas propres pour se rassembler, & convenir en sorte qu'ils constituent quelque espece de composé que ce soit : Car quoy que les mesmes atomes diversement transposez, ajoutez, & ostez, regardent diverses choses, ou puissent appartenir, & entrer dans la composition de diverses choses, ils ne regardent neanmoins pas toutes choses, & ne peuvent pas estre joints entre-eux de mesme façon en diverses choses ; parce que chaque chose demande une telle disposition, ou demande d'estre disposée d'une telle maniere que les atomes qui la constituent s'approprient ceux qui leur sont familiers & convenables, & que les associant pour ainsi dire, ils laissent les Etrangers, ou ceux qui n'ont aucune conformité avec eux, les rebutent, & les rejettent, d'où il arrive derechef que lorsque la chose se dissout, ceux qui sont familiers & qui conviennent s'attirent mutuellement, & se delivrent ainsi de ceux qui leur sont disconvenables, & disproportionnez comme nous montrerons ailleurs plus au long. Lucrece devoit avoir tout cecy en pensée lorsqu'il dit.

Nec tamen omnimodis connecti posse putandu'st
Omnia ; nam volgo fieri portenta videres ;
Semiferas hominum species existere, & altos
Interdum ramos egigni corpore vivo.

Il prend ensuite l'exemple de la Nutrition.

Nam sua quoique cibis ex omnibus intus in artus
Corpora discedunt, connexaque convenientes
Efficiunt motus ; at contra aliena videmus
Rejicere in terras naturam, multáque cœcis
Corporibus fugiunt è corpore percita plagis,
Quæ neque connecti quoiquam potuere, neque intra
Vitales motus consentire, atque animari.

Non quòd multa parum simili sint praedita forma,
Sed quia non volgò paria omnibus omnia constent.

CHAPITRE IV.
Que dans la Corruption il ne perit que le Mode, ou la Qualité de la Substance.

IL n'est pas necessaire que nous-nous arrestions beaucoup à discourir de la Corruption en general, & principalement de la corruption de la forme substantielle, d'autant que ce que nous en pourrions dire, se peut aisement entendre par l'opposition qu'elle a avec la Generation; & que de mesme qu'on ne sçauroit concevoir comment la forme substantielle commence d'estre, ainsi on ne sçauroit concevoir comment elle cesse d'estre; puisque comme il faut qu'elle soit faite de rien s'il n'entre point de matiere dans sa composition, ainsi il faut qu'elle soit reduite à rien s'il ne reste d'elle aucune matiere.

Car de dire qu'elle s'en retourne dans la puissance de la matiere, c'est une defaite aussi vaine que de dire qu'elle est tirée de la puissance de la matiere; puisque de mesme qu'elle ne peut pas estre tirée de la matiere dans laquelle elle n'a pas auparavant esté actuellement, ainsi elle ne peut pas retourner dans la matiere dans laquelle elle ne sera pas actuellement.

Il est donc plus raisonnable de croire que quand quelque chose perit, la substance est veritablement corrompuë; mais que ce n'est toutefois qu'entant qu'elle est separée, & dissipée en divers endroits; parce que tout ce qu'il y avoit de substance reste & subsiste encore sans qu'il en perisse quoyque ce soit, & que tout ce qui perit est la seule qualité de la substance, ou la maniere dont la substance estoit disposée & rangée.

La chose a deja esté dite par l'exemple du Cheval, & demontrée par la comparaison de la Maison; desorte qu'on entend assez que comme dans la dissolution d'une maison il ne perit rien autre chose que la liaison, & la disposition des parties, ou la figure, la forme, & la qualité par laquelle elle estoit maison, & denommée maison ; ainsi dans la mort du cheval, il ne perit que la connexion, & la disposition des parties soit interieures, soit exterieures, & par consequent la forme seule ou la qualité qui faisoit la nature du Cheval, & qui luy donnoit la denomination de Cheval.

Le mesme se doit dire du bois, & des autres choses qui se resolvent par le feu ; car lorsque le bois perit, & qu'il se resout en feu, en lumiere, en fumée, en cendres, en sel, &c. il faut penser que le bois ne se resout pas en d'autres choses qu'en celles-là mesmes qui estoient effectivement contenuës dans le bois, & qu'il ne perit autre chose du bois que la liaison, & la situation des parties, ou la façon particuliere d'estre des parties, par laquelle il estoit bois, & denommé bois.

Mais quoy, direz-vous, le feu estoit-il dans le bois ? Le sel y estoit-il ? Et toutes les autres choses dans lesquelles le bois se resout y estoient-elles ? Je repons que tout cela semble estre une pure question de nom ; car si par le nom de feu vous entendez du charbon, ou de la flamme bruslante, & illuminante actuellement, il n'y avoit certes dans le bois rien de tel qui bruslast, & illuminast: Et si par le nom de sel vous entendez un corps savoureux, & raclant, ou rongeant effectivement la langue, il n'y avoit aussi rien de tel qui fust savoureux, & qui rongeast dans le bois; mais si par le nom de feu, ou de sel vous croyez qu'on puisse entendre des semences de feu, & de sel, c'est a dire des particules, ou des masses si petites que chacune considerée à part soit beaucoup au dessous des Sens, & ne se puisse pas faire sentir comme estant enterrée, pour ainsi dire, & cachée entre les autres, quoyque plusieurs de la sorte se debarrassant, & se joignant ensemble puissent brusler, & luire, ou estre savoureuses actuellement, & actuellement ronger, ou racler, il semble qu'en ce sens l'on peut dire que le feu, & le sel estoient dans le bois. Ainsi les semences de vapeur quoy qu'insensibles estant prises à part, sont toutefois de l'eau, en ce qu'elles n'ont besoin que d'estre rassemblées pour qu'il s'en forme premierement de petites goutes, de ces moindres gouttes de plus grandes, de ces dernieres des pluyes, & de ces pluyes des torrens.

Mais pour me servir d'un autre exemple; l'on sçait que l'Argent se peut mesler avec l'Or d'une telle maniere qu'encore qu'il n'y ait qu'une once d'argent meslée avec mille onces d'or, il n'y aura toutefois aucune partie de la masse, quelque petite qu'elle soit au sens, dans laquelle il ne se trouve une petite portion de cette once d'argent. Or croyez-vous qu'elle paroisse argent ? Mais comment le paroitroit-elle, puis que mille portions d'or qui l'environnent, la couvrent, & la cachent ? Direz-vous qu'elle soit changée en Or, à l'imitation d'Aristote qui veut qu'une petite goutte d'eau meslée avec beaucoup de vin, se change en vin ? Non certes, puisque tout ce qu'il y a d'argent dans la masse se peut aisement tirer avec de l'eau-forte.

L'on peut donc de mesme concevoir que les petites parties de feu sont de telle maniere meslées dans le bois, qu'elles y sont cachées, & enveloppées d'une infinité d'autres parties de diverses choses qui les environnent,

& que c'est pour cela qu'elles ne peuvent pas paroitre ce qu'elles sont jusques à ce qu'estant survenu un feu exterieur qui dissolve toute la masse du bois, les petites parties de feu mises en liberté s'echapent & s'envolent conjointement, & paroissent ce qu'elles sont, le bois se diminuant à proportion, & devenant premierement charbon, & puis enfin se reduisant en cendres qui ne contiennent plus de feu, & ne puissent plus s'enflammer.

Que si vous ne voulez pas leur accorder le nom de petites particules de feu, ou de petis feux, dites au moins ce qui a esté insinué plus haut, que ce sont des parties d'une matiere plus grasse, & plus onctueuse, qui n'ont besoin que d'estre dilatées pour paroitre feu; concevant que la matiere grasse est de telle maniere composée de petites parties ignées, lumineuses, aqueuses, fuligineuses, & autres, que sans dilatation elle ne peut pas devenir feu.

Le mesme se doit dire à l'egard du Sel. Car comme chacune des petites parties de sel qui sont dans le bois sont entourées, & cachées par une infinité d'autres differentes parties, comment seront-elles senties ce qu'elles font ? Cependant voulez-vous reconnoitre comment elles conservent leur nature dans le bois ? Voyez deux morceaux egaux d'un mesme bois dont l'un ait esté quelques jours dans l'eau, & l'autre tenu sec. Reduisez en suite l'un, & l'autre en cendres, & taschez d'en tirer le sel par la lessive ; vous tirerez une bonne quantité de sel du dernier, & presque point du premier. Or pourquoy cela, si ce n'est parceque l'eau penetrant dans le premier avoit dissout, & tiré le sel qui estoit effectivement dans le bois ? Où vous remarquerez cependant l'exemple du bois humide, & du bois sec bruslez & reduits en cendres, afin que vous ne vous imaginiez pas que le sel s'engendre par la chaleur bruslante du feu ; veu que si cela se faisoit, il devroit aussi bien s'engendrer d'un morceau que de l'autre.

Au reste, il n'est pas difficile selon ces principes de repondre à cette question ordinaire, *Si dās la resolution des composez on en vient jusques à la matiere premiere.* Car comme les Atomes sont la matiere premiere, & que les petites maſſes qui en ſont faites, telles que ſont celles qui compoſent le feu, le ſel, l'argent, l'or, &c. ſont la matiere ſeconde ; ſi la reſolution ſe fait juſques aux Atomes, comme il ſe peut faire quelquefois, l'on peut dire alors que la reſolutió ſe fait juſques à la matiere premiere, au lieu que ſi elle ſe fait ſeulemét juſques aux petites maſſes, elle ne ſe fera que juſques à la matiere ſeconde.

Il n'eſt pas encore difficile d'entendre comment on doit prendre cette eſpece d'Axiome. *Ce qui unefois a eſté corrompu ne peut pas le meſme en nombre eſtre retabli par les forces de la Nature.* Car s'il eſt vray qu'une machine artificielle compoſée de mille piéces peut apres avoir eſté defaite eſtre retablie la meſme en nombre, c'eſt à dire ſelon la meſme matiere, & ſelon la meſme forme, parceque toutes les meſmes parties reſtent en quelque part, & qu'un Artiſan expert les peut remettre dans la meſme ſituation ; un bois par la meſme raiſon pourroit auſſi apres avoir eſté reduit en cendres, eſtre retably le meſme en nombre, & eſtre derechef formé, ſi toutes les parties qui restent, & subsistent, pouvoient derechef estre ramassées dans un mesme endroit, & par les mesmes Saisons : Cependant quoy que les parties restent en nature, comme elles sont neanmoins si diversement dissipées, & ecartées en tant de lieux si differens, & qu'elles se meslent dans tant de choses diverses, il n'y a aucune force naturelle, ni industrie aucune qui les puisse derechef ramasser, & remettre dans la mesme situation.

Vous demanderez peuteftre d'où vient que la pluspart des Philosophes tiennent que *Tout ce qui est engendré est sujet à corruption.* Il semble entre autres choses, que c'est parceque la Cause qui donne la naissance peut causer la destruction, ce qui est indubitable à l'egard de la Cause Divine ; & il semble mesme que cela est manifeste à l'egard de la Naturelle, car de ce que les parties n'ont pas toûjours esté adherantes, mais separées, & de ce qu'elles ont quelquefois existé à part, & en divers lieux, l'on doit reconnoitre qu'elles ne sont pas inseparables & indissolubles de leur nature, & qu'ainsi la dissolution en peut estre faite, sinon par la mesme cause qui les a jointes & arrangées, du moins par une cause contraire, & plus puissante.

D'ailleurs, quand nous-nous imaginerions que la cause qui a produit une chose ne seroit plus, ou qu'il ne se trouveroit aucune autre cause contraire & externe capable de causer sa destruction, il y a toujours au dedans de la chose même une cause intrinseque qui travaille incessamment à sa ruine, & qui en vient enfin à bout, ascavoir cette faculté naturelle, ou inclination inamissible des atomes au mouvement, qui fait qu'encore qu'ils ne se meuvent pas sensiblement, ils sont neanmoins toujours dans un effort continuel pour se tirer des composez, & se mettre en liberté.

Il est vray que selon qu'il y a plus ou moins de vuide intercepté, ou selon que les atomes sont plus ou moins fortement attachez, & acrochez les uns aux autres, la dissolution se fait plus ou moins viste, & avec plus ou moins de facilité, d'où vient que les Animaux & les Plantes se detruisent bien plutost, & bien plus facilement que le fer, que l'or, &c. mais quelque dense

& compacte que puisse estre un corps, & quelque liées, & acrochées que puissent estre ses parties, il faut neanmoins enfin qu'il se dissipe ; parceque les atomes faisant des efforts, & des tentatives continuelles comme pour se delivrer, & se tournant & retournant sans cesse de mille & mille façons differentes, il ne se peut faire qu'il ne s'en detache toujours & continuellement quelques-uns, qui enfin & à la longue causent la ruine, & la dissolution du composé.

FIN.

www.ingramcontent.com/pod-product-compliance
Lightning Source LLC
Chambersburg PA
CBHW060558170426
43201CB00009B/825